28連休を実現するための
仕組みと働き方

休暇のマネジメント

VACATION
MANAGEMENT

Takasaki Junko
髙崎順子

KADOKAWA

はじめに

この本を手に取ってくださり、ありがとうございます。筆者の髙崎順子です。2000年に25歳でフランスのパリに引っ越し、かれこれ20余年。フランス社会について日本のメディアに寄稿したり、日仏のビジネスや文化交流の場で通訳・翻訳などのお仕事をして暮らしています。

その私がなぜ、「休暇のマネジメント」なる本を書くことになったのか。本編に入る前に、そのお話からさせてください。

長期休暇は「隣の芝生」か

歴史も文化も社会もかなり違う、日本とフランス。その間に立って仕事をしていると、「なぜフランスはこうなの?」と訊かれることがいくつもあります。なかでも多いのが、長期休暇(バカンス)についてです。

フランスは労働法で年間最短5週間の有給休暇が決められ、年間の平均取得日数はなんと33日[*1]。その大半は7月・8月の2ヶ月間に集中し、入れ替わり立ち替わり、数週間の長期休暇を消化します。この時期は都市から人が激減し、ビジネスも役所の手続きも、何もかもが停滞するのです。交渉やローンチはご法度、視察や監査なども問答無用でお断りで、なんとかアポを組もうとダメもとで試みても「9月にね」と笑顔でかわされてしまいます。

フランスでは、休暇は労働とニコイチの権利。従業員を休ませるのは雇用主の義務で、雇用主自身もしっかり休暇を取ります。フリーランスの個人事業主でも同じです。なぜならここでは、「良く働き続けるには、まとまった期間を休む必要がある」と、国全体で認めているから。そのおかげかフランスはG7の経済大国であり続け、日本生産性本部の「就業者一人当たりの労働生産性ランキング」（2021年）ではOECD加盟38ヵ国中8位[*2]と、29位の日本より上位に位置しています。

「それで、どうやって仕事が回ってるの？」
「どうやったらそんなに休めるの？」

「それだけ休んで、経済が悪くならないの？」

これまで日本の方々に、何度尋ねられたでしょう。それは日本で生まれ育った私自身、感じてきた疑問でした。

フランスで働き始めた当初の私は、周囲の人達のように、気持ち良く長期休暇を取ることができずにいました。仕事に遅れをとってしまうのでは？　カンが鈍ってしまうのでは？　その不安から取引先にも休みをなかなか言い出せず、のんびり静かな夏のパリで、居心地の悪さを感じるほど。住む年数が長くなるにつれて「ここはこうなのだ」と諦め半分で慣れていくと、休みを長く取れるようになり、それにより仕事の効率やモチベーションを良く維持できる実感を得ていきました。そうして「バカンスの効能」を実体験で納得すると、以前にも増して、より具体的に興味が湧いてきたのです。

この国はどういう仕組みで、この長期休暇を動かしているのか？　いつから、どんなふうに、長い休みが「当たり前」の社会になったのだろう？

夏が来るたびに周囲の友人知人を観察し、折に触れてバカンス関係の資料や動画を見て、好奇心の向くままに情報収集すること数年。そうして気がついたのは、フランスのバカンスは、歴史や文化、政治経済と多角的に興味深いトピックの宝庫だ！　ということでした。円滑な長期休暇の遂行のために社内のみならず、取引先も含めた業界まるごとで取り組み、国はそれを支える法律や制度を整えている。**バカンスは個人の都合やお楽しみに留まらない、労働・経済の国家事業なのです。**

ダイナミックでスケールの大きい、国ぐるみの休暇のマネジメント。これらをまとめてお伝えしたら、日本の方々には面白く読んでもらえるのではないかと、次第に考えるようになりました。それと同時に、それが日本の方にどれだけ役に立つだろうとの疑念も。日本に生まれ育ち、日本のお客さまと仕事を続けている私は、長期休暇を「同僚や取引先に迷惑をかける」とネガティブに捉える根強い慣習を、胸が痛いほど知っています。そこで「フランスは良いぞ」と呑気に伝えても、「隣の芝生な……」と失笑されるだけではないか。私自身が最初、戸惑っていたように。

変わりゆく日本

　ところがその疑念は、ここ3、4年で大きく変わりました。日本の方からの「フランスはどうやってるの?」の問いかけが、より切実なトーンで、増えているのです。**「休みたいのに、休めない」とただ嘆いていてはダメなのだ。日本も「休める国」にしていかねばならないのだ、と。**

　背景には、2019年4月より施行されている、年次有給休暇取得に関する労働法の改正があります（働き方改革関連法の一部*3）。**これにより日本でも、従業員に一定期間のまとまった休暇を取らせることが、雇う側の義務になりました。**長年、年次休暇は「従業員の希望」が原則だった日本で、根本から考え方を変える大転換です。違反時の罰金も設定され、改正法には「休めない日本社会を変える」という強い意志とメッセージが込められています。それでも実際には、ではハイみんなで休みましょう、とはいきません。仕事量も組織も変わらず、ただ上から「部下を休ませろ」との命令を受けた中間管理職達が、自らの休暇を犠牲にして業務の帳尻を合わせる、という苦しい事態も起きています。施行から3年経ってもまだ、労働文化や労務・人材管理、業界の思考や慣例が、改正法に追い付いていない。膠着した状況を打破するための、具体的な行動や発想の転換が求められています。

もう一つ、労働法改正の翌年2020年から始まった、コロナ禍の影響もあります。外出自粛で在宅時間が増える一方、余暇のための移動も制限される前代未聞の事態で、働き方と休暇の過ごし方、その両方を含めた生き方全体を再考する機会が訪れました。**20世紀の名残のままの、仕事偏重型ワークライフバランスに疑問を持った方は多いのではないでしょうか。**実際、フルリモート前提の労働契約やワーケーション、首都圏外への本社移転など、従来型のオフィス通勤に縛られない働き方の変化が起こっています。

そのような社会の変化と呼応して、育児休業や介護休業を始め、社員の休みをより良く整備すべきと考える経営者は、中小企業にも続々と増えています。ですが、経営者個人の熱意や裁量だけでは、働き方を変えられない業界があるのもまた現実です。

従業員にしっかり休みを取らせたい、でも取引先が休まない以上は自分達も休めない……そうこぼすトップ層の声は、私自身何度も聴きました。

今の日本には、働き方と同じだけ、休み方を考えることが必要だ。個人や会社単位だけではなく、業界や社会全体で――その機運は、これまでになく強く高まっているのです。

今こそ、フランスの国ぐるみの休暇のマネジメント法は、日本の参考になるのではないか。外国のやり方をそっくり同じようには真似できないけれど、良いところどりをしていけば、発想の転換や日本ならではの改善のヒントになるのではないか？

仕事も経済も回しながらガッツリ休むフランスのやり方を、資料集やヒント集のように記録して届けよう。そうして一念発起、執筆したのがこの本です。

長期休暇は日本でも作れる

本書では、フランスに行ったことがない方やこれまで興味のなかった方でも、すんなり事例をイメージしてもらえるように工夫しました。現在進行形でバカンス文化を担っている人々のインタビューや実態ルポを多く盛り込み、医療従事者や福祉関係者、農家など「休みにくい」職種の人々にも、積極的に話を聞いています。そこに客観的な裏付けを添えるため、公的機関の法制資料や統計データ、専門家の研究成果を豊富に引用。そうしてフランスの長期休暇術を眺めたあとに、日本でも取り入れられる発想・方法を具体的に考える章を設けました。この本に書かれた情報は是非、みなさんの職場やご家庭で応用&活用していただけましたら幸いです。

まえがきが長くなりましたが、最後に、「この本を、なんとしても日本に届けよう」と私が心に決めたきっかけをお伝えします。

今ではすっかりバカンス大国を誇るフランスですが、20世紀前半にその法制化が「年2週間」から始まった当初、労働者達はなんと、この制度に反対していたといいます。「そんなに休んで、職がなくなったらどうするんだ?」「どうやって仕事を回すんだ!」「長期休暇なんて、金持ちの道楽だ!」……その反発の声は、私が聴いてきた日本の反応とそっくりでした。**フランスもまた、休めない国だったのです。**私がその事実を知ったのは長期休暇の歴史をまとめた本からで、一昨年の夏、南仏の浜辺でまさに2週間の休暇を過ごす中で読んだものでした。

読書を止めて顔を上げると、周囲では年齢問わずさまざまな人々が、海を楽しんでいます。ビーチチェアやタオルに横たわって本を読み、うとうと昼寝し、波間で歓声を上げて遊び……たっぷり休暇があるからできる、ゆるやかな時間の使い方です。どの顔も解放感で穏やかに笑っています。100年前に長期休暇に反対していたのは、彼らの祖父母だったのかもしれないのになぁ。そんな感慨とともに見回すと、私の数メートル後ろで海を見ていた女性と目が合いました。すると彼女は私に軽く笑いかけ、こう言ったのです。

「人生は美しい。そう思わない？（ラヴィエベル、ネスパ？）」

人生は美しい。フランスのバカンスの効能を表すのに、これ以上ふさわしい言葉を聞いたことがないと、心が震えました。そう言える休暇のひとときを過ごすために、フランスの人々はあの手この手を尽くしている。仕事を回し、制度を作り、社会通念を変え……その過程と工夫を知った今の私には、日本の人々にできない理由はないと、心底から思うのです。

長期休暇は、日本でも実現できる。

人生は美しいと言える時間と仕組みは、日本でも作れる。

フランスと日本の両国で働き、休みに不安を覚えながらも休めるようになった一人として、そう確信し願っています。どうか最後のページまで、よろしくお付き合いください。

髙崎順子

第1章 休みベタな国から、休むために働く国へ

第2章

実録！ 年5週間休む人々の働き方 ～サラリーマン編

第3章 経営者&管理職が語る、休暇マネジメントの思想と実践

第4章 年休5週間が社会に与える影響は？ データで見るバカンスの効能

この本の読み方

■この本ではフランスの事例をご紹介していますが、「フランスすげー」と読まれるためではありません。日本をより休みやすくする「ヒントになりそうなこと」「発想の転換のきっかけになりそうなこと」を基準に考え、情報をまとめています。読む際には一旦、両国の違いに優劣をつける感覚を忘れてください。「日本でやるなら、どうするか？」を念頭に置いていただけたら幸いです。

■出典と注釈を巻末につけています。ウェブ上で確認できるオープンソースを多めにしているので、気になるトピックは是非、出典元まで辿ってご覧ください。出典が外国語の場合、個人閲覧の範囲でしたら翻訳専門アプリが便利です。

■ルポはすべて実話ですが、取材先の希望と同意に合わせて、名前などのプロフィールと事実関係の記載では個人が特定できないように配慮しています。

■本書では2023年1月の為替相場を鑑み、1ユーロ＝140円で換算します。

第1章

休みベタな国から、休むために働く国へ

「フランス人の半分にとって、1年は二つの時間でできている。バカンスと、それを待っている時間と」 ＊4

1960年代のある統計学者の言葉です。2023年の現代に暮らしていると、そのような人々は半数どころか大半と感じます。

ですがフランスも、自然のなりゆき任せでそうなったわけではありません。20世紀の初めにはまとまった休暇制度はなく、庶民達は**数少ない休みの日にも別の仕事をしてしまうくらい、「休みベタ」でもありました。**そこからさまざまなアクションや工夫をして、国民の大半が5週間の年次休暇をガッツリ消化する社会を作ってきたのです。休暇中には仕事を停滞させることを屁とも思わないフランスの人々が、休みベタだったなんて！「バカンスのために働いている」と公言する人ばかりの今からすると、ウソのようです。

休みベタな国から、休むために働く国へ。その過程には、日本をより休める国にするためのヒントがたくさん詰まっています。第1章では、そのヒストリーをご紹介していきましょう。

ヨーロッパの歴史的背景が絡む場面が出てきますが、歴史に詳しくない方でも気軽に読めるよう、重要な点をなるべくコンパクトに書いていきますね。雑学的に読み進めてもらえたら嬉しいです。

バカンス大国の3つの節目

フランスの**バカンスは、「数週間のまとまった日数、仕事を休む」期間**を指します。その期間は個人の好き好きにバラバラに、ではなく、ある時期に最短何日間と定めつつ「誰もが使える国の制度」として整えられてきました（現行の法律では5月1日〜10月31日の間、原則12日間〜24日間）。バカンスの間は自宅以外の場所に移動して、日常とは異なるのんびりペースで過ごすのが定石。大多数の人はそれを夏に行います。

時期や期間だけでなく、過ごし方にまで国民的な典型があるのが、フランスのバカンスの特徴でしょう。それには理由がありまして、バカンス文化の始まりの時代から、**「社会にはバカンスがなぜ必要か」「どんな過ごし方をするのが望ましいのか」を、国レベルでしっかりと言葉にして考え、整備してきたから。**

その結果、今のフランスのバカンスは合理的なシステムになっています。意味と効果が明らかに周知されて、「誰にとっても必要」との認識がシェアされている。**官民揃って本気で取り組む国家事業**とも言えるくらいです。

重要な社会制度なので、多くの歴史学者や社会学者、経済学者が研究し、著書や論文を発表しています。それらを参照すると、この特徴的なバカンス文化が現在の形になるまでには、３つの大きな段階が見えてきます。

その1　「バカンスとは何か」が定義され、制度の基盤ができた1936年

その2　その制度とインフラが充実し、大規模に定着した戦後復興期

その3　不況期の経済対策として使われた80年代

この3つの段階では、それぞれの時代の流れや社会背景に即して、バカンスを進化発展させる官民の行動がありました。具体的に見ていくと、こうやったからフランスは今のような休み上手な国になったのだなぁ！　と、明快に理解できます。**ここをしっかり理解しておくと、日本の長期休暇を考える際の発想が変わるな、**と感じたものでした。

フランスはいかにして、バカンス大国になったのか。どんな社会背景の時に、何をしたからこうなったのか。順番に見ていきましょう。

バカンスが国の制度になった年

フランスには「バカンス元年」として、誰もが知っている年号があります。それは1936年。全国・全職域の労働者に共通の年次有給休暇制度（以下、年次休暇）が、「勤続1年以上の労働者に、1年に1回、原則連続取得で15日間。可能な限り公教育の夏休み期間に合わせる」と、初めて国の法律で保障されました。[*5]

実はこれ以前にも、フランスには年次休暇の慣習が、あるにはありました。が、それは長らく一部の人だけの、特権的なものでした。

この国の年次休暇はまず公務員から始まり（1853年）、19世紀のうちにはビジネスマンや商店の上役、工場の責任者などにも広がります。20世紀の初めにはそれが工業分野の中間管理職や商店の従業員、事務職員に拡大し、減給なしに1週間〜2週間の休暇が取れるようになりました。

そんな中でも最後まで年次休暇を与えられなかったのが、工業・農業の単純労働者達。低賃金・悪待遇で働くことを余儀なくされた人々です。18〜19世紀の産業革命以来、工業化の進む社会でその数は年々増え続け、1920年代には、フランス国内で働く人口の3割ほどを占めるまでになっていました。その人々を対象にしたのが1936年の法律で、これによって年次休暇は正式に「労働者の権利」となったのです。

激動の歴史から生まれた制度

この法律を実現したのは、それまでに類のなかった、画期的な政権でした。レオン・ブルム首相率いる、フランス初の社会主義内閣です。年次休暇以外にも、週40時間労働、14歳未満の児童雇用の禁止、大幅な賃金アップ（7％から15％）、労働協約の拡張適用など、大きな労働改革を成し遂げています。しかもその改革は内閣成立から3週間弱と、かなりのハイスピードで実現されました。

急速な変化の背景には、世界的な経済不況と極右勢力の台頭、そして労働者達の大規模なストライキという、大揺れに揺れた世相がありました。怒涛の展開を、手短に見ていきましょう。

1930年代のヨーロッパといえば、第二次大戦前夜。アメリカで始まった世界大恐慌による経済危機がフランスにも及び、解雇や賃金カットが相次ぎました。またお隣のドイツやイタリアではファシストの一党独裁政権が成立し、政情不安も高まっていました。

そんな中行われた国会議員選挙で、のちに首相になるブルム氏ら左派政治家が結集し、「人民戦線」という共闘体制を作ります。「パン（不況対策）・平和（戦争反対）・自由（反ファシズム）」を掲げて庶民層の支持を集め、政権を奪取したのです。１９３６年６月３日のことでした。

この選挙戦と並行して、労働者達の抗議運動が勢いを増し、デモやストによる工場や商店の閉鎖が多発。スト参加者は全国で１８０万人にも上り、「働いているのは公務員だけ」というくらい、社会が停滞したといいます。

ブルム内閣は国内の混乱を収めるため、選挙後１週間も経たないうちに、経営者団体、労働組合との協議を行います。事態の悪化を食い止めたい経営者側は苦渋の妥協をし、年次休暇制度も含めて労使合意を締結。大規模ストで先の見えない工場封鎖が繰り返されるより、休みや待遇を整備してマネジメントしたほうが、経営者側にもまだマシだったのです。年次休暇はすぐ法制化され、同じ月の6月20日には公布されます。

ブルム内閣はその後も続いた経済危機と国際情勢の動乱を持ちこたえられず、たった1年という短命に終わりました。が、フランスの人々の間では「かくも大事なバカンスを作った政権」として、今も記憶されています。7月になるとこの「バカンス誕生」の歴史物語は新聞やテレビに繰り返し登場し、「1936年」を振り返るのは、夏の風物詩の一つにもなっています。*6

なぜバカンスを国の制度にしたかったのか？

始まりの1936年について調べる中、私には一つ、素朴な疑問がありました。なぜ当時の人々は、連続2週間の年次休暇を、国の制度にしたかったのだろう？

フランスでは当時「週休法」（1906年成立）が施行されていて、労働者達には週1日の休日が与えられていました。具体的には、「6日間働いたら、24時間休む。その休みは日曜日にする」というものです。それとは別に、「まとまった休暇期間」が必要だと考えたのは、なぜなのだろう？

それは私が夏のバカンスについて日本の方と話すたび、頭に浮かぶものでした。日本は世界でも祝日・祭日の多い国です。そのことが話題に上ると、あたかも人気歌謡曲のサビのように、繰り返しこんな定説が登場します。

「日本はフランスのように長い休暇がない代わりに、祝日でこまめに休むのだ」

実際２０２３年のカレンダーを確認すると、日本の「国民の祝日」は16日、フランスは11日。ちなみにフランスのような数週間のバカンス文化のあるヨーロッパ諸国を見ても、オランダ（11日）、ドイツ（９日）、ベルギー（９日）とやはり、日本より祝日が少ないのが分かります。*7

ではその日本的ロジックは、本当なんでしょうか？　こま切れの祝休日がたくさんあれば、まとまった長い期間の休暇制度は必要ないの？　そもそも、数週間の年次休暇はなんのために作られたのだろう？

その疑問は言い換えると、**「なぜ働く人には、まとまった期間の休みが必要なのか」**という、根本的な問いでもありました。

それを知るカギは、フランスのバカンス文化について書かれた本に見つかりました。歴史学者アンドレ・ローシュ氏著「フランスのバカンス　1830年から現代まで」、バカンスをめぐる近代史を300ページにわたって綴った力作です。その中に、前述のブルム内閣で年次休暇の運用支援を担った閣僚レオ・ラグランジュの発言が引用されていました。バカンスの意義について、ラグランジュはこんな主張をしていたのです。

「労働者や農民、失業者には余暇を通して、生きる喜びと、人としての尊厳の意味を見出してほしいのだ」＊8

「余暇」と日本語に訳したこの言葉は、フランス語原文ではLoisir。フランスの代表的な国語辞典ラルースでは、「強制された職業以外の、自分の好きなように使える自由な時間」と定義されています。＊9

まとまった年次休暇とは、余暇＝「自分の好きに使える、自由な時間」のこと。そ

して余暇とは、生きる喜びと、人としての尊厳を知ることができる時間である。その時間を労働者や農民にも持ってほしいというのが、年次休暇を「原則連続取得で、15日間」とした、政府の明確な意向でした。

このくだりを読んだ時、私は目から鱗が落ちたかのような思いがしました。なんと年次休暇の始まりには、そんな深くて強いビジョンが込められていたのか！

日本では年次休暇というと、まずは心身を休めること、その効果で仕事の生産性を上げること……と、実利的な効能が言われがちです。それももちろん大切なポイントですし、フランスでも「休養」や「適度な長さの年次休暇は労働生産性を向上させる」という考え方は、もはや社会の常識となっています（この点は後の章でも触れますね）。

ですが制度が作られた当時の理念には、さらに深いものがあった。**「生きる喜び」「人としての尊厳」**を知るためという、**生き方の根本に関わる狙い**があったのです。

だから年次休暇を一部の限られた人にとどめず、国全体に広げられるよう、法律で定めたかったのだな。しかも15日間というまとまった期間にしたかったのだな……

と、このラグランジュの主張を知ると、腑に落ちます。

「自分の好きに使える、自由な時間」となったら、そりゃあ週休１日や、こま切れの祝日では足りません。週休２日が定着した現在だって、いつもより少し長く寝て、家事や日用品の買い出しをしているうちに、あっという間に終わってしまうのですから。

そしてこのように「まとまった期間」の休暇の狙いを理解すると、「日本は長い休暇の代わりに、こまめに祝日で休むんだ」という意見にも、ウーム……とクエスチョンマークが浮かんでしまいます。それ、代わりにならないですよね……祝日の短い時間を「自分の好きに使って」、「生きる喜び」と「人としての尊厳」を感じられていますかね……？

読者のみなさん、どうでしょう。

制度の始まりの時に示されたこの年次休暇と余暇の理念は、次章以降で取り上げていく現代のバカンス実態やその運用、マネジメント方法にも、一貫して強い影響を及ぼしています。この先を読み進めるにあたり、是非、頭のどこかに太字でマークしておいてください。

「有給休暇なんて信じない！」

熱い理念をもとに作られた、フランスの年次休暇制度。大衆は熱狂してそれを迎え、楽しくバカンスを過ごし、生きる喜びを見出してめでたしめでたし！　……という、すてきな続編を想像したいところです。

が、コトはそう簡単には行きませんでした。皮肉なことに当の労働者達の反応は、むしろ冷ややかだったのです。

前にも引用した「フランスのバカンス　1830年から現代まで」の中で、著者のローシュ氏は当時の労働者達の、次のような声を紹介しています。*10

「何もしないで金がもらえる、などと信じる労働者はいない」

「休暇明けで戻ったら、もう職がなくなっているんじゃないか？」

白い目でジットリと疑念を浮かべる表情が、目に浮かぶようです。革新的な新制度を簡単には信用できないくらい、それまでの労使関係が悪かったのでしょう。1936年の労働改革法案のうち、年次休暇は左派政治家がテコ入れしたものの、実際にそれを使う労働者側の関心はそこまで高くなく、反響も芳しくなかったのが現実でした。

年次休暇への塩対応、その3つの理由

労働者達が示した塩対応には、制度自体への疑念以外にも、主に3つの理由がありました。

まず第一の理由は、金銭面。有給の年次休暇、つまり「生計の心配なく、働かず、好きに過ごす時間を持つこと」は、富裕層から始まった慣習です。19世紀からそれらの層の人々は、長い休暇に風光明媚な保養地での避暑、文化に親しむ史跡名跡での物

見遊山、演劇や演奏会鑑賞などを楽しんでいました。現代風に言うなら、リゾート、観光、ライブ芸術のエンタメですね。これらが当時のフランスでは、バカンス中のレジャーの典型でした。

心身をリフレッシュし、文化知識を深めるバカンス体験を労働者にも……！　と左派の指導者達は願いましたが、移動には交通手段が、滞在には宿が必要。かつ、その両方には当然、おカネがかかります。史跡名跡は維持のために入場料を取りますし、プロのアーティストが提供するエンタメ鑑賞は無料ではできません。「好きなことをして良いよ！　自由に過ごして良いよ！」と**休みだけを与えたところで、その時間を使う手段と予算がなければ、余暇を楽しむことはできない**のです。同年の労使同意には賃金アップも盛り込まれていましたが、「遊びに使うカネは、ウチにはねえ！」と庶民層から反発が起きたのは、無理のないことでした。

第二の理由は、心理的な悪印象です。前述の通り当時のフランス社会のバカンスは富裕層から始まったので、「金持ちの道楽」という固定イメージが広がっていました。そして1936年に権利を得た労働者達はまさに、階級闘争で富裕層と敵対してきた層。憎き「パトロン（経営者、雇い主）」「ブルジョワ（中産階級の資本家）」の忌まわしい象徴として、「働かず、余暇にいそしむ」との現象そのものを毛嫌いしていた人々も少なくありませんでした。左派政治家や労組の指導者は、富裕層の特権を庶民の手にも！　と、〝バカンスの民主化〟を願ったのですが、当の労働者達はそれをすぐには「自分達のもの」と思えなかったのです。

第三の理由は第一・第二の理由と連なっていて、**長期間かけて余暇を過ごした経験のない庶民は、その価値も意味も理解できていなかった、**ということ。働きづめに働いてきた人々には、週休の1日ですら「働く」以外の過ごし方がピンと来ず、「休みの日には、別の労働をする」風習があったくらいでした。自分の雇われ仕事の休業日にも、親戚の農業や実家の商いを手伝ったり、自宅でも仕事道具の手入れをしたり。週末のお楽しみといえば、庭仕事や日曜大工など生活の役に立つ趣味、もしくは、通勤の足でもあった自転車でのサイクリングが主流でした。「もらえる給料が同じなら、何もしないより働いているほうがましだ」という声まであったといいます。今では考えられないことですが……！（2度目）

話が少し逸れますが、この「休みの日には別の労働をする」という習慣は、当時学校に通う子ども達にも共通していました。フランスでは19世紀後半に無償の公教育制度が確立しましたが、学校に行かない時間、子ども達は家事や農作業の手伝い要員として、当たり前にカウントされていたのです。

たとえば20世紀初頭には、公教育の夏休みは「7月中旬から9月末まで」と決められていました。これはブドウや小麦の収穫時期に合わせた日程で、子ども達は畑仕事に駆り出されていた。フランスは伝統的な農業国で、この夏休みの時期設定は、猫の手も借りたい農民からの要請でもありました。

工業化やオフィスワーク化が進んで農業従事者が減るに従い、1960年代には、学校休みは「6月末から9月中旬まで」と前倒しにされます。それでもワインの生産地域には、「12歳以上でブドウ収穫を手伝う生徒は、保護者の要請により、9月15日から9月30日の休学を許可する」との特例措置が設けられていたそうです。[*11]

「バカンスを取らせるための省」、誕生

「昨日までの習慣が、法律一つで今日からはこう！　と変わるものではない。法律は〝魔法の杖〟ではないのだから」

ローシュ氏は当時の状況を、そう表現しています。*12

熱い思いで作った制度が使われない……なんとも残念な一幕に見えますが、ここがまさに、フランスのバカンス誕生物語の面白いところ。労働者のネガティブ反応を見たブルム首相や閣僚、労働者団体の指導者達は、どのように反応したと思いますか？

せっかく作ってやったのに！　と逆ギレすることも、まぁしょうがないよねぇ、と傍観することも、彼らはしませんでした。その逆で、豊臣秀吉的なやる気を燃やしたのです。

休まぬなら、休ませてみせよう。

国民がバカンスに乗り気になれない理由があるなら、その理由を一つ一つ、政治家

の我々がつぶしていけば良い――「生きる喜び」「人としての尊厳」とまで重視して年次休暇を国の制度にした人々は、そう簡単には諦めなかった。**国民の生き方を変えるため、さらなる行動に出ます。**

そのアクションをブルム首相に任されたのが、前述の名言を残したラグランジュでした。当時35歳、弁護士として民衆の生活実態を見てきた若き国会議員は、**「余暇整備・スポーツ担当局」**という前例のない新設部署で、担当大臣に就任します。ミッションは「いかにして国民にバカンスを取らせるか、余暇を楽しませるか」を考え、必要な対策を取ること。**年次休暇法に込めた理念を社会に実現するために、法律の具体的な運用まで含めて、国が主導することにしたのです。**

バカンスの交通費、国が半額持ちます！

「国民に余暇を楽しませるため」という前代未聞の役割を、反対派から「なまけ者担当相」などと揶揄されつつ（フランスの人々はこういう皮肉が大好き）、ラグランジュはまず、最もシビアで直接的な「カネの不足」の対策を練ります。

余暇の楽しみを知らない庶民にそれを体感してもらうには、何が必要か？

家にいたら日曜大工や庭仕事をしてしまう人々なので、とにかく日常生活から離れてもらうのが良い→しかし移動費用を出す余裕もない→ならば移動の費用を国が支援したら良いのでは？　と、ラグランジュは考えます。当時は自家用車が高価で庶民に普及しておらず、長距離移動の方法は列車メインの時代でした。そこで鉄道会社に掛け合って、**「年次休暇で旅する際の電車賃を、国の負担で大幅割引する」**と打ち出したのです。

具体的には、「出発駅から200キロメートル以上の旅程」での鉄道乗車券を買う際に、購入者本人と配偶者の分は4割引、3～7歳の子どもの分は半額にする、というもの。座席は簡素な三等車限定とはいえ、費用がネックになっていた人達には、十分魅力的な条件でした。この割引乗車券は「ラグランジュ・チケット」と呼ばれ、1936年の夏休み期間、つまり法案成立後2ヶ月足らずというハイスピードで運用開始されます。

ラグランジュは「移動の足」と同時に、「行き先」にもアクションを起こします。割引乗車券で旅に出てほしい先、つまりパリから離れた保養地に向け、さらに料金のお得な特別列車を運行するよう、鉄道会社と交渉。行き先は南西部・大西洋岸のバスク地方や南部・地中海岸コート・ダジュールなど、すでに人気を博していた海辺の観光地が選ばれました。

この「ラグランジュ・チケット」を開始初年に利用した人々は、約60万人。翌年にはパリ万博を訪れる地方在住者にも活用され、180万人と倍増します。[*13] それまで富裕層や中流階級ばかりだった海辺の様相は一転し、夏の新聞を賑わせました。

ちなみにこの時に普及した「夏は海辺に行く」という選択肢は、現代フランスでも、最もポピュラーなバカンスの過ごし方です。2022年に大手旅行ガイドブック会社が行ったアンケートでは、回答者の3割以上が「夏は海に行く」と答えています。[*14]

「時間の使い方」を、官民でサポート

移動の足を確保し、移動先を提案し……バカンス担当大臣の本気は、ここでは終わりませんでした。ラグランジュはもう一つ、人々が移動した先での「時間の使い方」のサポートにも取り組みます。

快適な滞在先を確保するため、ホテル業界と交渉し、年次休暇の特別料金を設定します。またフランスでは20世紀初頭にカトリック系の若者支援運動として広まったユースホステル事業を宗教の枠を超えて展開しようと、フランス国内のユースホステル網の拡大に努めました。

そして休暇に慣れない庶民が退屈せずに過ごせるよう、休暇中に行うレジャー活動を提案するのも忘れませんでした。その際に重点を置いたのが、アウトドア・スポーツ・大衆文化の3分野。**比較的経費がかからず、かつ、健康や知識を養えるという、分かりやすいメリット**があります。ケーブルカーなどハイキングにまつわる観光施設

にはホテル同様の特別料金の設定を交渉し、美術館や劇場などの文化施設に対しては、割引料金の交渉に加えて、展示や演目を充実させるための後援も行います。前述の「移動の足」の手配では、特別列車の行き先に海辺を選んでいますが、これは「海水浴なら誰もが、おカネをかけずに楽しめるから」、でもありました。

あの手この手の政府の本気のアクションを見て、民間団体も連携して動きます。たとえば金属工業関係の労働組合は、パリから200キロメートルほど南にある19世紀建造の城館を組合費で購入し、労働者が休暇を過ごせる滞在施設に転用。1938年に制作された組合のドキュメンタリーでは、美しい庭園で球技に興じる利用者の姿が映っています。*15

労働組合の中には、自前の旅行案内局を作るところも。ユースホステル宿泊とサイクリング、キャンピング、ハイキングなどのレジャーを合わせた旅行パッケージを作り、組合員に提案する動きも広がりました。

運用まで面倒を見て法律を根づかせる

ブルム内閣が行った年次休暇の普及活動は、その後のフランスの働き方と休み方に大きな影響を残しました。この本を書くにあたり、前述のローシュ氏にメールインタビューをしたところ、こんな返信がありました。

「重要な点は二つと言えますね。一つは、低価格でアクセスできる旅費を設定したこと。もう一つは、『余暇とは何か』を教えたこと。旅先での宿泊や過ごし方をバカンス推進側の人々が具体的に示したことで、年次休暇をただの空き時間ではなく、**『働く代わりに、正当な意義のある時間』**とすることができたのです」

自由時間を与えたら、その時間を埋める活動や方法も同時に、与えなければならない。こうしてバカンスにアクセスしやすくなり、内容が充実していくことで、年次休暇を取る意義も理解されていったのです。

法律を作っただけで満足せず、効果的な運用まで見据えて官が主導し、民間と連携すること。その際は、**法律の目的と意義を言葉で周知すること。**人権や福祉に関する政策を根づかせるために、フランスではよく見られる手法です。それが20世紀前半の年次休暇の普及でも、功を奏したのでした。

戦争中もバカンスはあった

バカンス文化の基盤が作られ、運用され始めたのも束の間、国全体に普及する前に、社会情勢が変わってしまいます。ヨーロッパでナチス・ドイツをめぐる情勢がさらに悪化し、1939年にはフランスも英米とともにドイツに宣戦布告、第二次世界大戦に突入。1940年から1944年にパリ解放を迎えるまでに、フランスは段階的にドイツの占領下に置かれ、自由な移動が制限されました。大人達は日々の暮らしを続けるのに精一杯で、「生きる喜び」と「人間の尊厳」を知る夏の楽しみも、遠ざかってしまいます。

ところが理念とともに意義が周知されたバカンスは、戦争中でもなくなりませんでした。規模を小さくして、対象を子どもに限定して続けられます。

都市の児童対象に、田舎の休暇村で夏のひと時を過ごさせる「バカンス・コロニー」です。

工業化とともに都市生活者が増えていったフランスでは、19世紀の終わりから、夏休み期間の子ども達を都会から出して、自然の中で過ごさせる慈善活動がありました。空気が良く農作物の豊富な田舎で、お腹いっぱい食べさせて運動させるのが心身の成長に良いと、保健面から評価されて広がったアクションです。

戦争の砲撃で心に痛手を負った子ども達に、少しでも楽しい思いを……と、戦時下の親や教育関係者は願っていました。そこにピンときたのが、ドイツ占領下の対独協力政権。国民の健康保健策の一つとしてバカンスを考え、「幼きフランス国民が休暇を楽しみ活気を取り戻すことは、我が国が戦争の傷から回復する際の力になるだろう」と謳い揚げます。1942年の夏には、パリから150万人もの子ども達が電車に乗せられ、アルプスの山など風光明媚な田舎に向かいました。*16

「生きる喜び」「人間の尊厳」として定義されたバカンスが、戦争でそれを奪ってきたファシスト側に奨励されたというのは、なんとも皮肉な話ですが……人々を「我が国民」と「それ以外」に分け、前者に特化して社会福祉を向上させるのは、当時のファシストの常套手段でもありました。

戦後にバカンスが蘇った理由

そしてドイツが連合国に敗れ、フランス共和国が復活した戦後、大人向けのバカンスも無事に再開します。幸いだったのは、フランス解放を目指して活動していた対独レジスタンス（抵抗運動）の中に、年次休暇を制度化した社会主義の人々がいたこと。戦後の新政府はレジスタンスの英雄を中心に作られ、大統領には右派のシャルル・ド・ゴール将軍が就任したものの、年次休暇を「人の尊厳」と重視する人々も国の要職に就いたのでした。

新しい政府と労働組合は終戦の年から早速連携して、全国規模のバカンス支援団体「ツーリズムと労働」を組織し、年次有給休暇の再整備と充実に取り組みます。「心身をリフレッシュし、文化知識を深めるバカンス体験を労働者にも！」の野望、心機一転のリベンジです。

初期には特に、国家再建を担う若い労働者達の休暇が考えられました。終戦翌年、18歳未満の見習いに年4週間・21歳未満の見習いに年3週間の年次休暇が、一般労働者とは別に定められます。

ここからフランスのバカンスは、冒頭で述べた「第二の段階」に入ります。制度の原則や目的は変わらず、**戦後の経済成長と社会・生活の進化に比例して発展し、国家事業としての役割を深めて、より多くの人へと広がっていくのです。**

国民生活とバカンスを変えた「栄光の30年間」

フランスの戦後復興は、1945年春の終戦から1970年代のオイルショックまで。日本の高度経済成長期とほぼ同じ時期ですね。この約30年間でフランスは、経済大国の階段を駆け上ります。国の産業を牽引したのは自動車産業・建築業・運送業などで、特に50年〜73年の間は、年平均で前年比5%もの、安定した経済成長を続けました。

この産業・経済の成長で、社会の仕組みも国民の生活も、ガラリと豊かになりました。経済学者ジャン・フラスティエ氏はこの時期を「栄光の30年間」と呼び、国民生活の大変化を「目に見えなかった革命」と表現しています。[*17] そのくらい、社会のあり方が変わったのです。

その社会・生活の変化が最も分かりやすく反映された、象徴的な現象が、夏のバカンスでした。

「フランス経済の飛躍に伴って、**バカンスは消費財に、その際の人々の大移動は社会現象になった**」[*18]

ローシュ氏は前述の著書でそう表現しています。

注目すべきは、この時代に発展したバカンスの形が、現代フランスでもほぼ同じように繰り返されていることです。「休み上手な人々」は70年代の延長線上で、バカンスを消費財として運用し、それが全国規模の社会現象であり続けている。その理由と過程を具体的に、見ていきましょう。

より多くの人が、年次休暇を取るように

戦前に作られた年次休暇制度と夏のバカンスは、この「栄光の30年間」で、フランス社会に本格的に定着しました。バカンスを取る人の数は1951年の800万人から、15年後の1966年には2千万人と倍以上に増加。1961年から81年の比較では、「年に1回、バカンスを取る」人の数は3倍に膨らんでいます。[*19]

その要因の一つが、高度経済成長による賃金労働者（サラリーマン）の増加です。戦前のフランスは個人事業主である商人や職人、農家が多く、賃金労働者は労働人口の5割ほどしかいませんでした。それが「栄光の30年間」で増加し、80年代初頭には、労働人口の8割を占めるまでになります。[*20]

フランスのサラリーマンが結ぶ労働契約は、国の労働法を共通の最低基準としていて、年次休暇の期間や長さもそれに準じます。つまり働く人の8割が、国の定める共通の制度の中で長期休暇を取れるようになった、ということです。

社会の多数派がそのように変わったことで、これまで長期休暇を取れなかった商人や職人、自営業者も、8月に「毎年恒例の休業」を取り入れていきます（どう取り入れているかの具体例は別の章で後述します）。1970年代末頃では、あらゆる職種を含むフランス在住者の6割弱が、「少なくとも年に1回は、自宅外でバカンスを過ごしている」状態でした。

主導される休暇から、自由に満喫する休暇へ

バカンスの習慣が普及するにつれて、そのあり方も変わってきます。

1936年の年次休暇制度の公布の際には、交通費や過ごし方を支援しつつ、政府主導でバカンスを広める努力がされました。戦後から50年代はその支援が続けられ、労働組合や非営利団体が、食事やスポーツ・文化活動をセットにした「バカンス村」という宿泊施設を作り、手軽で安価なバカンスをパッケージ化して提供しています。家計の中でバカンス予算を充実させる余裕や習慣がまだなく、**「生きる喜び」を年次休暇で国民に感じてもらうには、公助が必要だった**のです。このようなバカンスのあり方は「ソーシャル・ツーリズム」と呼ばれ、労働政策・社会福祉政策の一環でした。

その状況も「栄光の30年間」で変わります。まず前述のようにサラリーマンの数が増え、かつ、70年代からはその給与の月給払い化が進んでいったこと。そして戦後に

確立・改善された年金を含む社会保障制度のおかげで、経済面での日々の生活や老後の見通しが立ちやすくなった。**収入の一部を長期スパンの貯蓄から、年ごとのバカンス予算に割り振れる余裕が生まれた**のです。それと同時に、自分で予算を組み、自主的にバカンスを望んで作っていく人々も増えていきます。

ソーシャル・ツーリズムを研究し、バカンスの歴史的経緯に詳しい歴史学者シルヴァン・パテュー氏はこの時代の変化を「バカンスの本格的な民主化」と表現します。**「この時期にバカンスは〝金持ちの道楽〟から、〝望めば叶うもの〟になった、**と言えますね」

また「栄光の30年間」には、家電と並んで車の大量生産モデルが普及し、自家用車の所有台数が急増します。戦後復興の1950年代初頭、ほんの8％しかなかった労働者層の自家用車所有率は、1975年には73％にまで上昇。[*21] 自家用車は「どこにでも行ける」自由の象徴となり、必然的に、バカンスの際の移動手段としても好まれるようになります。

そうして車でバカンスに出る人々に愛されたのが、キャンプです。気の向くままにドライブを楽しみ、走り着いた先でテントを張り、自然の中で非日常を満喫する……自由に満ちたその過ごし方は、60年代に花開いた若者文化にも合っていました。工夫次第で必要経費を抑えられるキャンプは特に庶民層に人気を博し、屋外でのキャンプを制限する法令が必要になるくらいでした。

平凡な日常を生きるための心の支え

そしてこの時代には、夏のバカンスは人々の「心の拠りどころ」と言えるほど、精神的な存在感を大きくしていきます。

高度経済成長期でサラリーマンが主流になった庶民の生活は、農村型から都市型に変わりました。毎日決まった職場に通い、決まった顔ぶれの上司・同僚と、決まった業務をこなすという、ルーティンで生計を立てる暮らしです。安定しつつも単調な日々の繰り返しに彩りを与え、心身をリフレッシュできる機会がバカンスでした。しかもそれは毎年夏、必ずやってきてくれる。特に通勤・居住環境に恵まれない都市圏の人々は、**毎年恒例のバカンスに、切実な解放感を重ね合わせる**ようになっていきます。

「太陽が輝くバカンスは、それ以外の灰色の11ヶ月間を生きのびるために、欠かせないシンボルになった。そしてそれは、仕事とバカンスの関係が逆転したことを意味していた。以前は『仕事が片付いたら海に行こう』くらいの感覚だったのが、『このために、1年のうちの11ヶ月間を働こう』になったのだ」*22

この時代のバカンスについて、ローシュ氏が書いた一節です。同じ本の中で、氏は1960年代の一般家庭のバカンス予算にも触れています。それはまさに「年収の約1ヶ月分」。バカンス以外の11ヶ月を耐えた分、「休暇中は我慢せず、パーッと遊ぶ」という感覚が、数字によく現れています。章の冒頭で引用した言葉も、同じ60年代のバカンスの実態をめぐる経済調査から生まれたものでした。

この「バカンスを心の支えに、それ以外の月日を働く」心理は、現代フランスでも多く見られます。私の友人知人にも夏前になると思い詰めた調子で「毎年これがあるから耐えられる」「それを励みに仕事をしてる」と話す人が何人もいますが（経験則ではほぼ全員です）、「毎年それ」がない日本の感覚には、その切実さが逆に羨ましく響きます。毎年必ずやってくる、楽しみにできる「それ」がある生活、良いよね悪くないよね……。

フランスで家計に占めるバカンス予算の平均的な割合は、過去50年来、ほぼ同じボリュームで推移しているそうです。具体的な数字は別の章で後述しますね。[*23]

バカンスのインフラ整備が国家の大事業に

「栄光の30年間」を経て、バカンスは労働者の権利であると同時に、日々の心の支えになりました。**何千万人もの国民が毎年決まった時期に確実に、喜んで月収1ヶ月分を消費する社会現象は、国家規模の経済モデルとしても認められていきます。**

バカンスの社会的・経済的な効果を前に、国の年次休暇の法律も拡大します。

1956年には年間3週間、1969年には年間4週間と、「栄光の30年間」で年次休暇日数は倍増。またこの時期には、バカンスのためのインフラ整備が、気合の入った国家事業として行われました。その本気ぶりが面白い例を二つ、ご紹介しますね。

一つ目は、パリと南仏・地中海岸を繋ぐ、高速道路6号線・7号線の開通事業です。1950〜60年の夏、フランスを南北に貫く約1000キロの国道7号線には南に向かうバカンス客が殺到し、「国道〝太陽線〟の大渋滞」と呼ばれる社会現象が繰り返されていました。その時期の新車がショーのように並び、自動車産業の繁栄を象徴する一幕でもありましたが、「道幅4メートルもない小村の目抜き通りに、1日2万8千台もの車が連なる」なんてことも起こり、国として看過できない交通問題でした。[*24]

それを解消するため、国は1955年に「高速道路法」を制定。国道7号線は約20年かけて、2本の高速道路に置き換えられます。パリ〜リヨン間約450キロの6号高速と、リヨン〜マルセイユ間約300キロの7号高速です。

当初はパリと地中海を直線距離で結ぶよう計画されましたが、ルート上には自然公園や歴史的な城館がいくつも並んでいたため、大統領も巻き込んでの迂回要請や反対運動が続発してしまいます。1970年にジョルジュ・ポンピドゥー大統領が愛車のルノー16で開通式を行うまで、これだけで本1冊が作れるほどの困難の連続を、力技で乗り越えてきたそうです。*25

もう一つは1963年、国の5つの省庁が総出でぶち上げた「ラシーヌ・ミッション」。当時、南仏ラングドック・ルシヨン地方の地中海岸は沼地や害虫被害が多く、タダ同然の地価しかなかった一帯でした。戦後復興で観光客が殺到する有名避暑地の南仏コート・ダジュールやスペインのコスタ・ブラバを横目に、「ここも丸ごとリゾートに作り替えよう！『フランスのフロリダ』にしてバカンス客を呼び込もう！」と、大真面目な開発計画を立てたのです。

全長180キロもの海岸に白砂を運び、植樹を行い、害虫対策を施して、大規模高級キャンプ場やカジノ、セカンドハウス用マンションを大建造。やはり20年かけて成し遂げた国家的一大事業のおかげで、一帯はいまやヨーロッパ中からバカンス客が集まるリゾート地に変貌しています。7月〜8月の2ヶ月間は滞在者が冬の10倍以上になる市もあり、バカンス期間にしか稼働しない飲食店やセカンドハウスが、自治体の重要な財源になっています。*26

不況対策の一部でバカンスを増強

「生きる喜びの発見」「人としての尊厳」のために国の法律ができてから50年後、経済成長とともにバカンス文化の大発展を経たフランスに、転機が訪れます。1973年・1979年の2回のオイルショックによる大不況です。「栄光の30年間」に2〜3%と低水準で推移していた失業率は、1975年からの十数年間で9%台まで悪化してしまいます。*27 1930年代のフランスを襲った、大恐慌以来のインパクトでした。

不況で生活が悪化し、バカンス文化も縮小してしまうのかしら……と思いきや、どっこいここはフランス。**逆に不況対策として年次休暇とバカンスを活用しようと、さらに制度を充実させる**方向に行きました。

その方向を打ち出したのは、フランソワ・ミッテラン大統領。戦後初めて左派政治家として大統領選に勝ち、14年間の長い任期を務め上げた、フランス現代史の超重要人物です。

1981年の当選時、ミッテラン大統領は失業対策として、労働時間短縮による「ワークシェア」を掲げます。限られた仕事を一人でも多くの人で分かち合えるよう、一人当たりの仕事時間を短くし、その仕事を担う人の数を増やそう、というロジックです。**「生産性を向上し、労働環境を改善し、かつワークシェアをもたらす」**と主張し、週40時間労働は段階的に週35時間まで短縮（まずは39時間から）、残業にも上限時間を設定し、年次休暇は法改正をして5週間に延長します。国民の余暇時間を増やすことで、景気を刺激する意図もありました。

こうしてフランスのバカンスに、また一つ効能が追加されます。労働者の権利・生きる喜び・1年の心の拠りどころ・経済を回す国民的イベントに加え、「雇用対策の一環」が連なったのです。

ちなみに「労働時間短縮によるワークシェア」の考え方自体は目新しいものではな

く、戦前から存在していました。かのバカンス元年・1936年に年次休暇を法制化した労働法改革でも、経済不況下での失業対策の側面があったといいます。

バカンスへの公的支援、ふたたび

仕事時間が減るということは、働く人の自由時間が増えるということ。年次休暇が法制化された際に余暇を考える部局が設けられたように、ミッテラン政権では「自由時間省」が創設されます。大臣には労働組合系政治家のアンドレ・アンリが就任しました。

自分のミッションを考えるにあたり、アンリは1936年のラグランジュのように、「自由時間とはなんぞや」をまず定義します。

「それはもはや、単なる仕事の休息ではない。自由、想像力、社会的な責任と連帯の重要なひと時であるべきだ」*28

「社会的な責任と連帯」と語ったアンリが注目したのは、当時のフランス社会で固定化しつつあった、バカンスの不平等でした。80年代初頭、フランスに住む6割弱の人々が年次休暇を使って「年に一度は自宅外の場所でバカンスを過ごす」実態がありましたが、それは逆を返せば、4割強の人々は「自宅から出てバカンスを過ごしていない」ということ。各種の調査で、その背景には職業と収入の違いによる、経済格差があることも分かっていました。*29

そしてアンリは1936年、バカンスを「生きる喜び」「人の尊厳」として広めようとした人々に連なる政治家でした。今なおバカンスに不平等が存在する、その実態をスルーすることはできない。これを打開するには、新しい公助が必要だ——そこから福利厚生の一環として1982年、「バカンス小切手」制度を創設します。

「バカンス小切手」は国が販売する旅行券で、企業や共済組合が額面の2割〜8割を負担しつつ、従業員自身の積立金を加えて購入し、従業員に配付します。鉄道やレンタカー、宿泊施設、文化施設で主に利用でき、上限額はありますが、レストラン（ファストフードも！）やスーパーでも使えるように設定。導入する企業には、社会保障負担金が減額されるメリットをつけました。

バカンス小切手を経済的に恵まれない層に届けて、少しでも多くの人に休暇を楽しんでもらおう。そして経済も回そうと、一石二鳥を狙った案でした。

実際に効果はあったのか

これらの政策には実際に、どれだけ効果があったでしょうか。

バカンスを自宅外で過ごす人々の割合は少しずつですが上昇し、80年後半に6割を突破、コロナ禍直前の2019年には64％になりました。*30 バカンス小切手も改善を加えつつ活用され続け、2021年の受益者は465万人、利用企業・団体は6万9千件。発行した小切手の総額は17億ユーロ（約2380億円）に上り、それらの小切手は32％が飲食に、32％が宿泊に利用されています。*31

一方、職業・収入の違いによる年次休暇の取得日数や過ごし方の格差は、現在もあります。1999年には低所得者や失業者・求職者など経済的な困難にある人を対象に、格安でのバカンス滞在を可能にする「バカンス連帯基金」が作られましたが、自由時間大臣アンリの願いは40年経っても未だ道半ば、というところ。*32

雇用対策としては、この時の年次休暇の延長だけを抜き出して検証をした論考を私は見つけられませんでした（ご存じの方がいらしたら教えてください）。労働時間短縮による雇用対策は一定の効果が認められ、その後も継続しています。2002年には、ミッテラン大統領の掲げた週35時間労働法が20年越しに成立。詳細は次の章以降に書きますが、この週35時間法には、一部サラリーマンの長期休暇がより長くなる仕組みも含まれています。

「週35時間労働には今も賛否両論がありますが、年次休暇制度は国民の既得権になりました。**いまや、フランス社会のアイデンティティの一つです**」

前述の歴史学者シルヴァン・パテュー氏は、そう語ります。

フランスの労働時間短縮政策に関しては日本語でも論考が見つかりますので、ご興味がおありの方は探してみてくださいね。*33

コロナ禍を乗り切るモチベになった

バカンス大国フランスがどのようにできあがったか、そのなりたちを（かなり情報を絞りつつ、おおざっぱにですが！）、制度と運用面に焦点を当ててご紹介しました。**人権・労働・経済・国民心理と多方面で、フランスの人々にとって重要な存在であること、国全体で本気で取り組んでいること**が、お分かりいただけたかと思います。

章の最後にもう一つ、この国のバカンスの重要性を物語る最新のエピソードをお伝えしましょう。2020年からの2年間、**新型コロナの感染拡大を乗り切るにあたり、バカンスが役立った**ことです。

ご存知の方も多いかと思いますが、フランスは新型コロナウイルスの感染が早い段階で広がってしまい、国全体で厳しい行動制限が敷かれました。医療逼迫が深刻になった時期には、自宅から出るのに理由証明書を必要とする「外出禁止令（ロックダウン）」もありました。

この外出禁止令、第1回目は20年3月のある日突然始まり、先の見えない手探り状態で2ヶ月を乗り越えたのですが、2回目の20年10月末、3回目の21年4月では、「その後に来るバカンスの時には、なんとか制限を外せるようにしよう」との目標設定がされるようになりました。家族や友人に会い、この時だけは、リフレッシュの時間を過ごせるように。そのためにみんなで堪えよう、と。

そう訴えるフランス大統領の演説を聞きながら、私は逆のことも感じていました。バカンス中に厳しい行動制限が続いたら、フランスの人々は精神的に耐えられないだろうな……と。

このメッセージが功を奏したのか、2回目、3回目のロックダウン中の人々の踏ん張りぶりは、在住年数の長い私にも驚くほどでした。強制されることが大嫌いな文句たれフランス人でも、ここまでできるのか！　と。医療従事者やエッセンシャルワーカーへの感謝や支援は熱く、マスク着用義務はほぼ遵守。与党を良く思わない人々も感染対策は粛々と行いました。制限破りをする人々はもちろんいましたが、それでも

1ヶ月から2ヶ月で、感染の山を越えてみせた。その我慢をバカンスで発散させると、また感染が拡大し、またロックダウンをして……と、行動制限と精神状態に緩急をつけながら、まさに「波乗り」をしたのです。

制限をゆるめることについて、医療関係者は警鐘を鳴らすのを忘れませんでしたが、バカンスを目標にした手法に反対する声はあまり聞かれませんでした。行政の狙いは暗黙の了解だったのでしょう。この国は本当に、バカンスを軸に回っているのだな、バカンス最強だな!?　と、当時の空気を振り返るたびに感じます。

おまけのエピソードが長くなってしまいましたね。

では実際、現代のフランスの人々はどうやって、大切なバカンスのために仕事と社会を回しているのか。

具体的なノウハウを、次章から見ていきましょう。

第2章

実録！　年5週間休む人々の働き方　～サラリーマン編

第1章では、フランスのバカンス文化の成り立ちを見てきました。20世紀前半に**「生きる喜びと、人としての尊厳のため」の理念で始まった年次有給休暇**が、3つの段階を踏んで、国民みんなで実践する一大国家イベントになった。その過程をお分かりいただけたかと思います。

では実際、現在のフランスの人々はどのように長期休暇を取っているのか。数週間の休暇を過ごしながらいかに仕事を回し、G7に連なる経済大国の地位を維持しているのか。ここからそれを、具体例で見ていきます。

まずはざっくりと、全体像をデータとファクトで押さえましょう。

フランスで働き休むのはどんな人達なのか

休み方は働き方の一部であり、それは職業と家族構成によっても大きく変わります。日本と同様、フランスにもさまざまな職種・業種、世帯の形があり、長期休暇の取得実態も、職種・業種・世帯構成別にデータが採られています。

次ページの図表1は「フランスで働く人」の種類を示すものです。*34・図表1　自営業・サラリーマンなどの「就業形態」と、職務や責任の度合いが異なる「社会職業分類」の2種類の表でまとめられています。この二つの表の分類によって、法律や運用面での休暇の取り方の違いがあります。

国の労働法で5週間の年次休暇が保障されているのは、就業形態が「サラリーマン」の人々。会社経営者・自営業者には労働法は適用されず、その働き方や待遇は労働法とは別の法律（会社法など）が定めています。

フランスでは**サラリーマンの労働契約は無期限での雇用が原則**で、有期限の雇用や派遣会社経由の雇用は「一過性の働き方」であるべき、というのが社会通念。2021年のデータでは、約2724万人の**就労人口の約87%がサラリーマンで、そのうち約74%が無期限契約での雇用です。**そしてこれは日本でも同じですが、労働法の規定は無期限・有期限・派遣を問わず、すべてのサラリーマンに適用されます。

この章ではフランスの就業者の大半を占めるサラリーマンの働き方と休み方を主に

図表1 **フランスの就業形態と社会職業分類 2021**

(単位：%)

	性別		年齢			合計
	女性	男性	15-24歳	25-49歳	50歳以上	
就業形態						
独立自営業	**9.5**	**15.6**	**3.8**	**11.8**	**16.5**	**12.6**
うち小規模自営者	2.9	3.1	1.7	3.2	3.1	3.0
サラリーマン	**90.5**	**84.4**	**96.3**	**88.2**	**83.5**	**87.4**
無期限正規雇用	75.8	71.7	40.6	77.2	76.6	73.7
3ヶ月未満の有期正規雇用	2.5	1.6	8.3	1.6	1.2	2.0
3ヶ月以上の有期正規雇用	6.9	4.3	12.3	5.7	3.3	5.5
期限不明の有期正規雇用	0.2	0.2	0.4	0.1	0.1	0.2
派遣社員	1.3	2.7	5.6	2.0	1.0	2.0
学外研修、研修生	2.8	3.1	26.7	0.9	0.0	2.9
無契約または不明	1.1	0.9	2.5	0.6	1.2	1.0
社会職業分類						
独立農家	0.8	2.2	0.5	1.1	2.6	1.5
職人、商人、経営者	4.1	8.7	1.6	6.1	8.4	6.4
管理職	18.6	24.2	8.4	23.2	22.0	21.5
中級職	27.1	22.3	22.4	26.6	21.6	24.6
熟練労働者	23.3	6.6	18.2	15.1	13.3	14.8
非熟練労働者	17.7	5.2	18.3	9.2	13.3	11.3
熟練工員	3.3	21.7	14.6	12.6	12.4	12.7
非熟練工員	4.3	8.2	14.1	5.5	5.6	6.3
定義なし	0.8	0.9	2.0	0.7	0.9	0.9
全体	100.0	100.0	100.0	100.0	100.0	100.0

表の読み方：2021年、就業している女性の90.5％がサラリーマン。就業している15－24歳の8.4％が管理職。

調査対象：マイヨット以外のフランス国内で、平均的な住居に在住する就業者

出典：フランス国立統計経済研究所　2021年雇用調査

扱います。経営者・自営業者については次の第3章をお待ちくださいね。

管理職と非管理職の明快な分業意識

そのサラリーマンの中でも、大きく二つの働き方の違いがあります。**一定の決定権と責任を負う代わりに働き方の柔軟性を与えられた「管理職　cadre」と、決定権や責任がない代わりに働き方が固定された「非管理職　non-cadre」**です。この分類により、給与や労働時間の管理法なども変わります。

管理職登用に学歴や資格を指定する職場もあり、非管理職から管理職への転換を願う人は、働きながら学び試験を受けてステップアップすることも。それを望まず、非管理職の働き方を長年続ける人も少なくありません。

日本にも同様の、管理職と非管理職の分類はもちろんありますね。ですが一般に「管理職」と呼ばれる役職が労働基準法上の「管理監督者」とは一致しないケースも存在し、一律の基準で判断し難いところがあります。契約上は管理監督者ではないのに、実質的には管理職としての働き方を求められる・する人々は、読者のみなさんの身近にもいるのではないでしょうか。

フランスではこの二つの職位の労働観・働き方が、「分業」の意識のもとにより明快で、両者の線引きは日本よりもシビアです。*35

この国で働く人の多くは、自分が契約上も実質上も、管理職であるか・非管理職であるかを強く意識しています。**管理職は自分と同じ働き方や労働観を非管理職には求めませんし、求めることもできません。非管理職のほうも同じで、求められても明快に拒否します。**管理職と非管理職の分業には意味があり、その意味が理解されているので、お互いにそれを侵すことはしないのです。

この**管理職と非管理職の分業意識**は、年次休暇の取得法において、根幹とも言えるくらい重要なもの。具体例の中で触れていくので、頭の片隅にメモしてください。

サラリーマンは全員「法律通り年次休暇を取れる人」（日本も）

フランスの年次休暇の法律に関しては、管理職でも非管理職でもすべてのサラリーマンに共通する「最低ライン」が決められています。**年間最大30日、日曜祝日を除く「週6日かける5週間」という計算です。**同じ雇用先で1ヶ月間働いたら2日半の有給休暇が得られる形で、フルタイムでも時短勤務でも、職種・業種、勤続年数問わず、「サラリーマンとして働く人の最低条件」として共通しています。[*36]

まえがきでも述べたようにフランスでは、年次休暇を完全消化させるのが雇う側の義務のため、取得率が問われることはありません。フランス労働省統計局の報告書を見ると、年次休暇以外の有給休暇を含めた平均取得日数は年間33日。２０１５年と少し前のデータですが（執筆時点ではこれが最新の数字です）、しっかり消化されているのが分かります。次ページにこの報告書の図表を引用しましょう。

図表2 フランスの業界・業態・労働契約種別　有給休暇付与・取得平均日数

	年次休暇付与日数	有給休暇取得日数（年次休暇・その他の休暇合算）
サラリーマン全体	**33**	**33**
民間企業従業員	**29**	**29**
業種		
農林水産業	27	29
製造業	29	32
電気・水道・廃棄物・エネルギー関連業	33	38
建造業	27	30
商業・自動車修理業	27	26
運輸・倉庫業	30	31
宿泊・外食産業	26	24
情報通信業	31	30
金融・保険・不動産業	33	32
特殊科学技術業	29	29
教育・医療・福祉関連業	31	31
その他	29	25
事業規模		
従業員 10 人未満	27	26
同 10 ～ 49 人	27	27
同 50 ～ 199 人	29	30
同 200 ～ 499 人	30	32
同 500 ～ 999 人	31	33
同 1000 人以上	32	33
契約労働時間		
パートタイム	28	26
フルタイム	29	30
週 35 時間未満	27	28
週 35 ～ 38 時間	31	33
週 39 時間以上	31	32
社会職業分類		
管理職・知的上級職	33	33
中間職	31	33
熟練労働者	29	29
非熟練労働者	26	24
熟練工員	27	27
非熟練工員	26	24
契約種		
有期契約、派遣契約	30	21
無期契約	29	30
性別（フルタイム契約のみ）		
男性	29	30
女性	30	30
勤続年数		
1 ヶ月～ 5 年未満	28	27
5 年～ 10 年	29	27
11 年～ 15 年	29	30
16 年～ 20 年	30	31
20 年以上	31	34
公務員	45	46
実労働時間（教員以外）		
パートタイム	37	39
フルタイム	38	40
週 35 時間未満	34	34
週 35 ～ 38 時間	38	39
週 39 時間以上	42	45
社会職業分類		
管理職・知的上級職（教授以外）	41	41
中間職（保育学校・小学教員以外）	41	45
教授・教員	73	70
医療・福祉関連の中間職	36	35
技術職・現場監督	39	40
作業員	37	38
工員	36	40
性別（教員以外のフルタイム勤務のみ）		
男性	38	40
女性	38	39
勤続年数（教員以外）		
1 ヶ月～ 5 年未満	39	41
5 年～ 10 年	37	36
11 年～ 15 年	38	39
16 年～ 20 年	38	42
20 年以上	38	40

表の読み方：2015 年、従業員 10 人未満の民間企業従業員は平均して、27 日の休暇（RTT を含む）の権利を持ち、うち年間 26 日を取得している。　調査対象：15 歳以上 75 歳未満で、勤続 1 年以上、正規雇用社員（研修生と見習い、1 年未満の有期契約・無期契約社員、休暇取得のための派遣労働者を除く）。海外県を除くフランス本土県。
出典：フランス国立統計経済研究所　2015 年就労調査

図表3 **フランスの世帯構成別有給休暇取得平均日数（25～49歳男女）**

	男性	女性
単身世帯	34	36
単親世帯	35	32
子どものいないパートナー世帯	33	32
子どものいるパートナー世帯	33	35
18 歳未満の子がいない世帯	30	33
18 歳未満の子一人	32	33
18 歳未満の子二人	34	36
18 歳未満の子三人以上	33	38
その他（複合世帯）	24	33

表の読み方：2015 年、一人暮らしの男性は、年間平均 34 日の休暇を取得している。
調査対象：25 歳から 49 歳まで、勤続 1 年以上の正規雇用社員（研修生や見習いを除く）。海外県を除くフランス本土県。
出典：フランス国立統計経済研究所　2015 年就労調査

この報告書には世帯構成別のデータもあり、子どもが多い世帯ほど取得日数が多い実態も出ています。が、ほぼすべての世帯で平均日数は30日を下っておらず、単身者でも家族が何人いても、法定日数は消化されていると考えられます。

*37・図表2・図表3

どんな働き方をしていても、生活拠点がどんな世帯であっても、フランスで働く人々の大多数が法定通りの年次休暇を取得していることが、これらの表から読み取れます。

ちなみに日本では、約6723万人の就業者のうち、無期限正規雇用（いわゆる正社員）が約3597万人、それ以外の有期限雇用（いわゆる非正規雇用、パート・アルバイト・派遣社員・契約社員など）が約2101万人、自営業や家族経営の職に就く人は約647万人。フランスに比べて有期限契約の雇用が多いのが特徴です。[*38]

ですが日本の労働基準法の年次休暇制度は雇用形態にかかわらず、勤続日数など規定を満たしたすべての従業員に与えなくてはならないもの。勤続年数によって年間10日〜最大20日と幅はありますが、[*39] **法の規定としては、日本でも就業者の9割は同じ条件で年次休暇を取れることになっています。**

しかしてその実態を厚労省発表資料で見ると、取得率は56・6%、年間の取得平均日数は約10日（2020年）。[*40・図表4] また2021年に労働政策研究・研修機構が発表した年次有給休暇の取得に関するアンケート調査では、年次休暇取得率55%、正社員の平均取得日数は7・7日、非正規社員は8・0日と、厚労省発表より少ない数字が出ています。[*41・図表5] まさに「制度はあるのに運用が追いついていない」状況と言えるでしょう。

図表4 **日本の労働者１人平均年次有給休暇の取得状況**

（単位：日）　（単位：％）

企業規模・産業・年	労働者１人平均付与日数 1)	労働者１人平均取得日数 2)	労働者１人平均取得率 3)
令和３年調査計	17.9	10.1	56.6
1,000 人以上	18.7	11.3	60.8
300 ～ 999 人	17.7	9.9	56.3
100 ～ 299 人	17.6	9.7	55.2
30 ～ 99 人	17.3	8.8	51.2
鉱業，採石業，砂利採取業	18.2	11.6	63.9
建設業	18.4	9.8	53.2
製造業	18.6	11.4	61.6
電気・ガス・熱供給・水道業	19.5	14.3	73.3
情報通信業	19.2	12.5	65.1
運輸業，郵便業	18.1	10.0	55.1
卸売業，小売業	17.8	8.7	48.6
金融業，保険業	19.3	11.0	57.3
不動産業，物品賃貸業	17.5	10.2	58.3
学術研究，専門・技術サービス業	18.7	10.9	58.3
宿泊業，飲食サービス業	16.3	7.3	45.0
生活関連サービス業，娯楽業	17.0	8.8	51.9
教育，学習支援業	18.2	8.9	48.6
医療，福祉	16.5	9.6	58.0
複合サービス事業	18.8	9.0	47.7
サービス業（他に分類されないもの）	16.6	9.7	58.5
令和２年調査計	18.0	10.1	56.3

注：1)「付与日数」は、繰越日数を除く。
　　2)「取得日数」は、令和２年（又は平成 31（令和元）会計年度）１年間に実際に取得した日数である。
　　3)「取得率」は、取得日数計／付与日数計× 100（％）である。
出典：厚生労働省「令和３年度就労条件総合調査の概況」

図表5 日本の年休取得日数(2018年度)

(単位%)

		0日	1~5日	6~10日	11~15日	16~20日	21~30日	31日以上	5日以下	11日以上	平均値(日)	中央値(日)	標準偏差
合計	14,402	12.9	31.5	30.3	13.7	9.4	2.0	0.2	44.5	25.2	7.7	6.0	6.1
就業形態													
正社員	12,945	12.5	32.1	30.6	13.4	9.2	2.0	0.2	44.7	24.8	7.7	6.0	6.0
非正社員・計	1,457	16.7	26.3	28.0	15.9	10.6	2.1	0.5	43.0	29.0	8.0	7.0	6.6
・嘱託社員	341	7.6	28.7	30.2	17.6	13.2	2.3	0.3	36.4	33.4	9.1	9.0	6.3
・契約社員	280	18.9	27.1	24.3	15.7	11.4	2.1	0.4	46.1	29.6	7.9	6.0	6.4
・パート ・アルバイト	836	19.6	25.0	28.3	15.2	9.2	1.9	0.7	44.6	27.0	7.6	7.0	6.7
年休保有日数													
1〜9日	313	16.9	60.7	22.4	-	-	-	-	77.6	0.0	3.5	3.0	2.5
10〜19日	2,783	6.3	34.1	40.8	15.8	2.9	-	-	40.5	18.8	7.1	7.0	4.2
20〜39日	5,159	6.1	29.9	30.5	16.1	13.6	3.6	0.2	36.0	33.5	9.2	8.0	6.3
40日以上	4,022	12.0	29.3	27.8	15.0	13.2	2.1	0.5	41.3	30.8	8.5	7.0	6.7

※無回答を除き集計。表側の年休保有日数は、前年度繰越分を含めた2018年度初めに権利として持っていた年次有給休暇の日数を使用している。年休取得日数の分布の「5日以下」は「0日」「1〜5日」の合計。「11日以上」は「11〜15日」「16〜20日」「21〜30日」「31日以上」の合計

出典：労働政策研究・研修機構、「年休取得日数【労働者調査】」、「年次有給休暇の取得に関するアンケート調査（企業調査・労働者調査）」P48、調査シリーズNo211、2021年7月

自営業者も年に5週間の休暇を取得

その「運用が追いついていない」日本の状況を打破するヒントにすべく、フランスの具体的な運用例をガンガン集めよう！　というのが本書の趣旨です。この章ではフランスで働く、職種・業種・家族構成の異なる方々を20名ほど取材しました。「制度は国によって違うよね。あくまでフランスの、私の職業の話だけど」と前置きしながら、どの方も熱心に、かつ押し付けがましさは一切なく、お話しくださいました。あらゆる職業を網羅することはできませんでしたが、それでも「大多数の人々が年に5週間の休暇を取れる社会はどう回っているか」のアウトラインは掴んでいただけるかと思います。

前述のデータを裏付けるように、話を聞いた人の大半は5週間の休暇をフル消化していました。なかには労働法の年次有給休暇制度の適用されない自営業者ながら、サ

図表6 **フランスにおける自営業者の休暇取得日数**

	取得日数	取得週数（週6日換算）
全業種	**32**	**5.3**
サービス業	41	6.8
建築	37	6.2
産業・工業	34	5.7
商業・小売業	28	4.7
農林水産業	12	2.0
事業規模		
従業員なし	31	5.2
従業員1～9人	30	4.9
従業員10人以上	45	7.6

表の読み方：2010年、自営業者は平均32日間、5.3週間の休暇を取得している。
調査対象：自身の主要業務で1年以上の就業経験のある自営業者。
出典：フランス国立統計経済研究所、2010年継続労働状況調査

ラリーマンと同様に休んでいる人も。

労働時間が収入に直結する自営業者は長期休暇なぞ取れないのでは……と思いがちですが、ここは**バカンスが「人としての尊厳」として普及している社会。自営業者でも休める仕組みと理解がありま す**。2010年に経営者や商人、職人など自営業者の休暇状況を調べたフランス国立統計経済研究所の資料によると、平均の取得日数は年間32日、サラリーマンとほぼ変わらない数字でした。*42・図表6

唯一の例外が農林水産業の自営業者で、年平均12日間と格別に少ない実態がありました（それでも日本の全体平均より多いのですが……）。このケースも取材しています

ので、のちほどご紹介しますね。

年次休暇の運用を支える決意と思考

当事者達への取材を重ねる中、サラリーマンにも自営業者にも共通する、「長期休暇取得の心得」が見出せました。

まず業界・職場全体で「休む」と決めること。

必ず休む前提で仕事と年間計画を段取りし、優先順位を明確につけて、業務管理をすること。

そして長期休暇取得を優先事項の高い「業務」として扱い、遂行する思考です。

そういった全国共通の考え方や仕組みに加え、業界・職業の特色に合わせた運用ルールのカスタマイズや業務、人材配置の工夫がありました。しかしそれらのノウハウも、**大前提の「休む」決意と「休みを業務として遂行する」思考**がなければ、生まれてこなかったものです。

「休めたら休もう」「休めなかったら仕方ないから働こう」は、あり得ない。**なにがなんでも休む。そしてその責務を担うのは雇い主というのが、フランスのバカンス制度の柱です。年次休暇の運用は、マネジメントの職務なのです。**

このように業務と年間計画を前もって段取りすることが不可能な職種が、自然相手の農林水産業です。この方々の仕事の特徴はそのまま、年次休暇の取得日数の少なさに直結していました。

2019年の働き方改革で、日本でも年次休暇の一部は「雇い主が取らせるもの」になったと、本書の冒頭で書きましたね。その運用例を具体的に見ていく前に、フランスの年次有給休暇制度をもう少し詳しく知っていたほうが良いかと思います。なぜならその制度の中にすでに、効果的な運用を促す規定が編み込まれているから。実例紹介の前にもう少しだけ、ここから6ページほどお付き合いください。要所要所で、日本の制度との比較も行いますね。

休暇のマネジメントをやりやすくする仕組み

２０２３年の今、フランスの労働法で定められた年次有給休暇は最大30日。フルタイムでも時短勤務でも、職種・業種、勤続年数問わず、「雇用されて働く人の最低条件」であると前述しました。[*43]

この30日間は6月1日から翌年5月31日の間に消化せねばならず、**未取得分を手当金で代替できないのが原則。**年次休暇は金銭と互換性がない、単独で行使すべき権利として扱われているのですね。「必ず取得させること」が雇い主の義務なので、そうでない場合は雇い主に罰金（従業員一人当たり最大１５００ユーロ、約21万円）が課されます。[*44]

もう何度目かというくらいしつこく書いていますが、フランスの年次休暇制度の最大の特徴はまさにこの、**「雇い主に取得させる義務がある」という点**です。その代わり、年に一度のメインの長期休暇（最短2週間・最長4週間）については、**雇い主が前**

もって**「組織全体での取得可能期間」を指定し、従業員はその指定の時期内に休まねばなりません。**たとえば「私は7月に休みたい」と思っても、勤め先の指定する取得可能期間が8月であれば、7月にバカンスを取ることはできない。従業員はしっかり休みを取れる代わりに、雇い主指定の時期に休むことを受け入れるのです。

とはいえ「まとまったバカンスは夏に取るもの」との慣例がありますし、労働法でも、その指定期間は「5月1日から10月31日の間に設けること」がしっかりと決められています。

このルールによって、雇い主は業界の閑散期や事業計画に合わせて、従業員のバカンス時期を設定できます。そうして**事前に人員の減る期間を全社的に把握できるので、生産調整や在庫管理、人員配置を前もってマネジメントしやすくなります。**

この「雇い主に取らせる義務がある」「取得可能期間は雇い主が決める」の2本立て方式は、日本でも年次休暇の「計画的付与」と「時季指定義務」の二つの制度で導入されています。従来の「従業員の希望の時期に取得する」方法だけだと、多忙・激務の日々で休むタイミングが計れない。かつ同僚に〝迷惑をかける〟ことへの遠慮から、従業員側から休暇を申請するハードルが高かった。「計画的付与」と「時季指定義務」の組み合わせにより、この2点の「取得の難しさ」を緩和する効果が期待されています。*45

フランスと違って、日本の「計画的付与」は義務ではありません。ですが令和3年度では46・2％の企業で導入され、年次休暇の取得率アップに繋がっている、との分析もあります。*46

読者のみなさんの職場ではいかがでしょう。もしすでに導入されていたら、ここから先のフランスの仕組みやノウハウを「もしウチの職場でやるなら」と想像し、実践をシミュレーションしながら読んでいただくと良いかと思います。

休暇を決めるスケジュールも労働法で指定

話をフランスに戻しましょう。「年間30日間・メインは夏に2週間～4週間・雇用主が期間指定で取らせる義務」。フランス国内ですべてのサラリーマンに共通する年次休暇の大原則は、この3本柱でできています。それを円滑に運用するため、労働法にはさらにいくつか、運用支援的なルールがあります。

一つ目は、長期休暇を段取りするスケジュールについて。雇い主は取得可能期間をその開始2ヶ月前までに指定して、全従業員に告知せねばなりません。次いで従業員はその指定期間内でバカンスをいつ・どれだけ取るかを、開始1ヶ月前までに雇い主に伝えます。**「毎年、労使でいついつまでにバカンスの相談をしなさい」と、国の労働法が圧をかけている**のですね。国のやる気……！

しかもこれは「最低限伝えるべき期限」で、現実には、雇用主が1年近く前から告知し、従業員が半年近く前から休暇期間を固める職場もあります。休む側は航空券や宿泊先を早く予約するほどお得価格が得られますし、休ませる側はいざ臨時要員が必要になった際、早めに手配を始められる。**早め早めに段取りすることが、両者にとってプラス**と考えられています。

二つ目は取得期間の長さ。夏に取るメインの休暇は、1回に連続で取得すべき日数が法律で決められています。**ズバリ連続2週間以上・最大4週間まで。**取得可能期間内で2週間＋1週間のような分割取得もできますが、そのうちの**1回は、2週間まとめての取得が必須**です。

全員にガッツリ2週間、と最短取得期間が定められているから、同僚間で妬み嫉みが発生しにくくなっているのではないかな。インタビューをしていて、そう感じる場面が何度かありました。**誰か一人が特別に長く休むのではなく、みんなが長く休める。**しかもそれは国の法律で決められている。お互いさまだよね、私も同じだけ休むしね、と言い合いながら、順々に。

みなさんの職場がもしそうだったら、と想像すると、いかがでしょう。

年次休暇には、家族構成に即したルールもあります。まず**同社内に結婚もしくはパートナー契約をした配偶者がいる場合は、同じ時期に年次休暇を取得できます。**21歳未満の子を扶養している従業員には、子一人につき年間2日間を追加で付与。これは「7週間の授業ごとに2週間の季節休み」がある、公教育のカレンダーを考慮したものです。就学児のいる家庭は、この季節休みの間の子守りの段取りがハードなのですよね……。この学校の休み期間に関しては、のちほどケーススタディの中で述べます。

またフランスには女性・男性とも出産直後の休業制度（産休）がありますが、産休明けでも年次休暇は取得できます。

業界ごとに働き方・休み方をカスタムする「労働協約」

ここまでが、全国・全業種のサラリーマンすべてに共通する労働法の話でした。そこからさらに、業界ごとの特色に合わせた休み方・働き方ができるよう、追加のルールが加わります。いわゆる「労働協約 Convention collective」で、フランスでは国の法律の次に強制力のある決まりです。

働く人の労働条件は、労働法で国全体の最低条件を決める→労働協約で業界の特色を反映する↓就業規約で企業・団体別のルールを制定する↓労働契約で個別に条件を取り決める、と、数段構えで決められていますね。これは日本もフランスも同じ仕組みですが、フランスは業界別の労働協約の力が日本より強いのが特徴です。

労働協約は業界ごとに経営者団体と労働組合が交渉・合意して編纂し、フランスでは2022年現在、731種類の協約があります。*47 大きな産業分野では、一つの協約が数千の企業・数百万の労働者に適用されていることも。

業界ごとの特色に合わせて、働き方や待遇をカスタムする。その労働協約の機能は**年次休暇において、取得期間指定の調整や、法定5週間よりさらに多い日数を付与することに使われています。**私が取材でお話を聞いた人々の間には、年間1週間の特別休暇や、3ヶ月ごとに5日間の季節休暇を付与する協約がありました。

ではここからは、取得の実例を見ていきましょう。お待たせしました！

この章では取得する側、つまり従業員のほうにスポットを当て、「年5週間取れるポイント」を探ります。取得させる側＝経営者・管理職の考え方や方法論は第3章で、取得した休暇を「どう過ごすか」とその経済的な効能は第4章でまとめていきますね。

まずは、国の法律が最もスムーズに運用されているケースから見ていきましょう。

ケース1　スケジューリングと段取りがすべて：美術館学芸員補佐

「バカンスを取るための働き方の工夫ですか。**オーガナイズがすべて**ですね」

そう明快に答えたのは、パリ市内の非営利系美術館で正社員として働く女性Rさん。住まいもパリ市内の一人暮らしで、学芸員補佐をしています。

勤務時間は平日週5日の9時から17時半まで、途中に1時間のお昼休憩。固定の部下はいませんが管理職枠での採用で、労働時間の管理は比較的柔軟にできます。契約上は週35時間のフルタイム労働ですが、実際の勤務時間は週37時間半（1日7時間半）なので、超過時間を1日休に換算する「RTT（労働時間短縮日）」という振替休日が年15日分付与されています。年次休暇はこれとは別に、法定の5週間です。

彼女の労働形態は、フランス都市圏の第三次産業のオフィスワーカーには典型的なもの。個別にはご紹介しませんが、ヒアリングした金融、広告、文化・情報通信産業などの会社員の方々にも共通しています。

Rさんは年次休暇を毎年きっちり、すべて消化しています。年末年始と春に1週間ずつ、夏に3週間が定番の休み方。夏の休暇は勤め先から「7月1日～10月31日の間に3週間取得」と指定されていて、**取得希望日は毎年3月末までに人事に提出、4月後半には人事から確定期間の返事が来るのが公的なルールです。**が、実際には5月や6月に決める人もいたりと、柔軟に運用されています。

4月後半に夏休みが確定するとは、日本の感覚だとかなり早いように思えますが、交通手段や宿泊施設の予約を考えると、これでも遅いほうだとRさん。外国旅行を計画する年には取得期間が決まる前、2月くらいから飛行機を手配することもあります。

「その場合、上司にはもちろん早めに話します。うちは二人部署で、お互いがバックアップしあう体制なので。ですが**上司はバカンスを神聖なほど大切にしていて、自分も他人も『休まない』という選択肢がない人。**私の休暇も『ガッツリ重ならなければ良い』が基本姿勢で、日程が数日かぶっても、特に問題にはなりません」

仕事は所蔵品管理にまつわるルーティン（研究、購入、寄贈の受付、他の美術館との貸借、目録作成）と、企画展の準備やカタログ作成など、期間限定案件の2本立て。所蔵品目録はデジタル化され、業務はパソコンで行い、連絡はメールと電話が主流です。2年前からWindows365が導入され、全社でカレンダー共有がされていますが、厳格な使用ルールはなく「使いたい人が使いたいように使う」状態。Teams会議や資料のクラウド化が週1日の在宅勤務で大いに役立っていますが、これにより作業効率自体が上がっている実感は、そこまでないと言います。

仕事のスケジューリングと段取りは、7月上旬から8月下旬が繁忙期にならないように意識して組んでいます。展示品の貸し借りや共同企画では外部との折衝も多いですが、**同じ業界の人々はほぼ全員が同じ夏の時期に代わる代わる休むので、大事な交渉や案件は「夏に持ち越さない」が不文律になっています。**夏が近づくと、みんなが暗黙の了解で仕事の整理に入り、不在中に連絡の必要がないよう、万全の準備をしあうのです。

「業界全体がその前提で回っているんです。7月には『夏休みはどこに行くの？』と言い合いますし、9月の会話はまずバカンスの報告から始まります。**お互いのバカンスを邪魔しない連帯意識もありますね。**展覧会の企画は3年ほど前から立ち上がり、少なくとも半年前には確定・公表されるので、他と比べて予定が立てやすい業界かもしれません」

また第三次産業のオフィスワークは、天候など自然に左右される要素が少ない仕事でもあります。命あるものや生鮮物のような、デリケートな商材は取り扱わない業種も多いです。Rさんのように**「働く人の意思と事情だけで、仕事の段取りを決められる」職業は、長期休暇を取るハードルが低い**といえます。

しかも彼女の職種には、さらに追加の年次有給休暇制度があります。フランスの公共文化関連施設に勤める人に年7日与えられる特別休暇、通称「マルロー週間」です。時のアンドレ・マルロー文化省大臣が、国の文化遺産を継承する仕事に敬意を表して〝プレゼント〟したそうな。

年次休暇以外の有給休暇が多いので、取得しきれない休暇を繰り越しできる「労働時間貯蓄口座」制度も設けられています。彼女の職場では「貯蓄可能な日数は最大45日分」と上限が決まっていますが、日数の設定は勤め先によって変わります。

「**しっかり休めることが、職業の価値の一部になっている面は感じますね。**広報部のある同僚はとある民間企業からヘッドハンティングの話が来た際、**休みが減る条件だったのでそれだけで断った、**と言っていました」

だからといって仕事をイヤイヤやっている人は彼女の周りには見当たらず、Rさん自身も「仕事はとても好き」だそう。同僚との関係も良く、不満はありません。

「それでもバカンスなしに仕事をすることは、考えられないです。区切りなく延々と仕事が続いてしまったら、私はきっと心身ともに病んでしまう。**仕事を愛し続けるには、そこから離れて、心と体に栄養を与える時間が必要です。**仕事に生きる発想やアイデアを得るためには、自分が広くものを見なければならないですしね。バカンスから戻ると、より自分の反応が良く、生産性が上がっている自覚もあります。もしバカンスがなかったら……想像できないけれど、死刑宣告を受けたように感じるかも」

最後は冗談めかした口調だったものの、その目は笑っていませんでした。

普段からバカンス時期の不在を考慮しているので、休暇に入る前の準備は、関係者に不在期間と「万が一」の連絡先を共有し、その際のフォローを上司に申し送るのみ。休暇の1週間ほど前から、気持ちはそわそわし始めます。休暇中はメールは一切見ないものの、携帯電話は繋がるようにしているそうです。

「そこは信頼関係ですからね。万が一の時はもちろん、休暇中でも対応しますよ」

年5週間休める働き方のポイント

- 自然現象に左右されず命を扱わない職業は、長期休暇を取りやすい
- 同じ業界の人々が同じ時期に休暇を取り、その時期は業界全体で仕事のペースを落とす
- しっかり休めることを、その職種の価値の一つと考える

ケース2　各家庭の事情を考慮し、上司が判定する：情報通信系地方公務員

スムーズに長期休暇制度が運用されているもう一つの例は、公務員です。午前・午後・夜と国会審議がある省庁関係の国家公務員や地方自治体の公務員、警察官、消防団員、学校教諭など、勤務時間帯や休暇取得ルールの異なる幅広い職種がありますが、有給休暇の年間平均取得日数は国家公務員で42日・地方公務員で38日と、全国平均を上回っています。[*48]

地方自治体のＩＴ技官として働くロイック・ポエヌーさんは、職位としては管理職と非管理職の中間にある人。単純労働ではなく、自律性が求められる技能職です。公務技官の昇給試験を一つ一つ受け、プロジェクトリーダーを務められる位置まで昇進しました。週の労働時間は39時間で、２週間に一度の金曜日は休みになります。基本的に残業はありません。

5週間の年次休暇をすべて消費しており、それ以外の休暇制度も合計すると、有給休暇は年間7週間あります。まず夏の4週間と冬の1週間は毎年恒例で取得。後の2週間は、「7週間ごとに2週間」やってくる、3人の子どもの学校休みの際に使っています。

「妻のイヴェットも無期限契約のサラリーマンで、病院の手術室で消毒専門作業員をしています。お互いの休みは子ども達の学校次第で決めますね。夏休みは7月・8月と2ヶ月間あるので、それぞれの月をどちらかが休み、子ども達と過ごす。そのうち1週間程度は夫婦で休みを重ねて、家族全員で過ごしています」

フランスで通学年齢の子どものいる人は、学校休みに合わせて長期休暇を取ります。そして職場や同僚達もそれに理解を示し、休暇申請は子持ち家庭を優先するのが一般的です。内心面白くないと感じる人ももちろんいるでしょうが、それが表に公言されることはほとんどありません。いずれにせよ職場の全員がほぼ同じ長さの休暇を取るため、「子どもがいると休みの時期を強制されてしまう」「自由に休暇を楽しめなくて大変だね」と、逆に、同情的に捉えられています。

本筋から少し外れますが、ここで、親達の働き方・休み方に大きな影響をもたらしている、フランスの「学校休み」についてお話ししましょう。

フランスの公教育は、**7週間授業をしたら2週間の休み**を目安におきながら、9月始業・6月末〜7月初旬終業の1学年が組まれています。1年の52週間を、授業に36週間・休みに16週間と配分。全国の学校で、公立・私立問わず、3歳から16歳までの義務教育課程と、それより先の高等教育課程にも共通です。休みの期間はフランスの文科省にあたる国民教育・若者省が指定し、毎年変わりますが、時期はほぼ同じ。12ヶ月カレンダーとは別に、「学校カレンダー(Calendrier scolaire)」と呼ばれています。

フランス公教育は信仰の自由と無宗教の原則を掲げていますが、この季節休みは歴史的にカトリックの伝統季節行事との関連が深く、今もそれらの行事の名前で呼び習わされています。[*49]

9月第1週　始業
10月末〜11月上旬　　トゥーサン（万聖節）の休み

12月末～1月頭　　ノエル（クリスマス）の休み
2月初旬～3月　　冬休み
4月～5月　　パック（復活祭）の休み
7月初旬～8月末　　夏休み

季節休みには全国統一で同時に始まり終わるものと、全国をA・B・C・コルシカ島・各海外県ごとのゾーンに分けて分散するものがあります。夏とクリスマスは共通で、それ以外の休みはゾーンごとにずらされることが多いです。＊50・図表7

ゾーン制が導入されたのは1960年代。学校休みに合わせて親も休暇を取って社会が停滞することを防ぎ、かつ交通機関や観光先の混雑を緩和するため、国全体が2ゾーンに分けられました。現代のようなABCを用いたゾーン制が始まったのは1971年、バカンス文化が国全体に根付き開花した「栄光の30年間」の頃でした。

それ以来フランスでは、**学校休みはそのまま、観光業のハイシーズンを意味する**に至っています。2015年には、山間部のウィンターリゾートを活性化するために春休みの開始が早められる、なんてことも。子ども達の学習リズムを観光産業のためにに

図表7 フランス本土圏における学校カレンダーのゾーン区分け

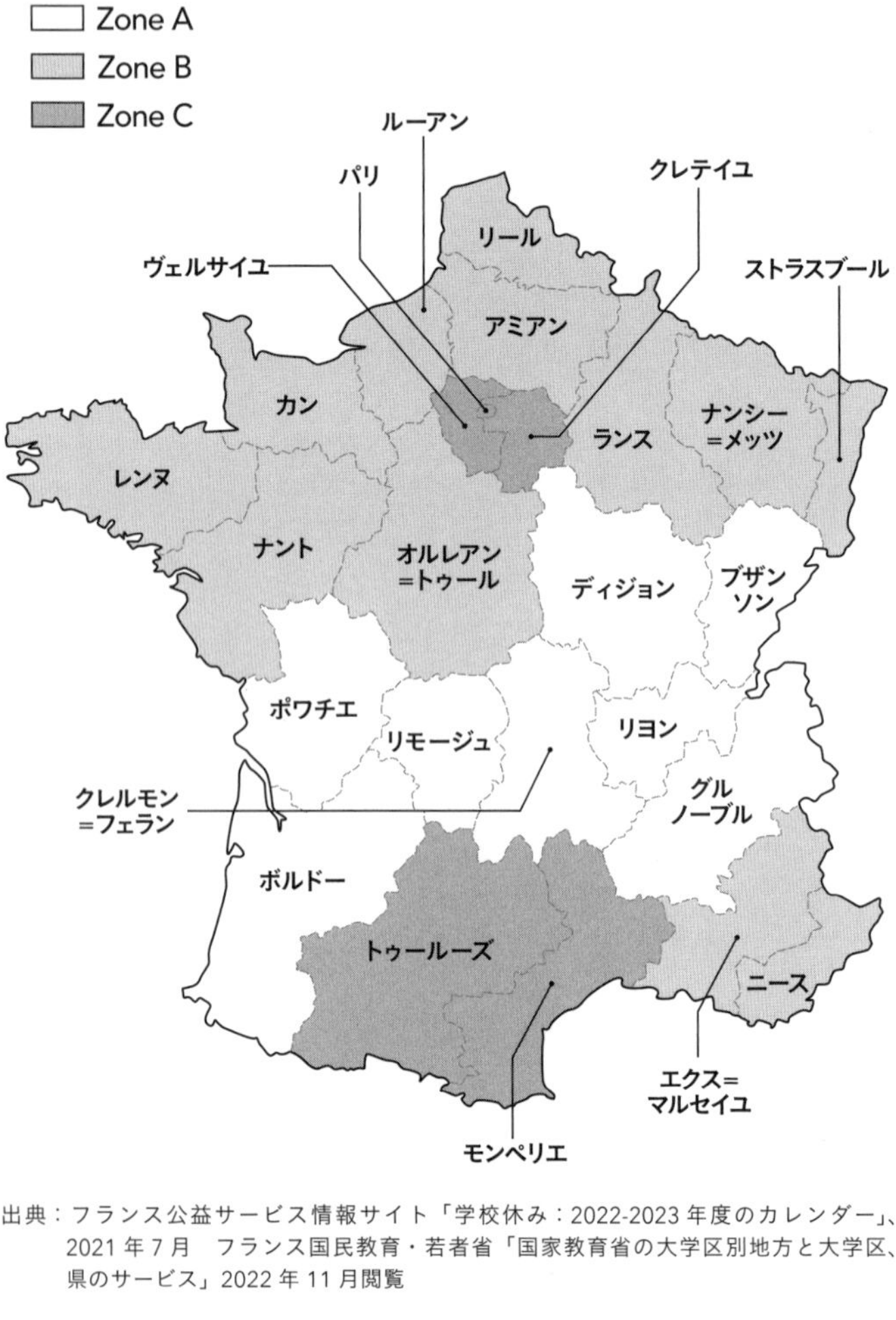

出典：フランス公益サービス情報サイト「学校休み：2022-2023年度のカレンダー」、2021年7月　フランス国民教育・若者省「国家教育省の大学区別地方と大学区、県のサービス」2022年11月閲覧

変えるのか？　と賛否両論が巻き起こりました（この経緯は第4章で紹介します）。

ちなみに日本の学校の授業と休みの期間は、フランスのような全国統一のカレンダーはありません。運営主体の市町村・都道府県・学校法人が決めることになっています。国の学習指導要領では小学校・中学校が年35週間以上（小1は34週間）、高校は標準35週間が年間授業週数の目安にされていますが、学校によってはこの目安より授業数の多いところもあるそうです。*51

フランスの子ども達の学校休みは年間16週間ですが、育てる側の親の休みは年間5週間なので、他の有給休暇を組み合わせても同じようには休めません。そこでフランスでは、学校休みに合わせて学童保育やキャンプ、スポーツ・文化クラブが開催され、親達はそれらを活用しながら子ども達の居場所を作ります。主に自治体や非営利団体が運営し、給食やおやつ込みのものも。利用料は保護者の収入による応能負担で、内容によって1日数百円から1週間数万円と変わります。

親達は自身の有休とこれらのサービス、祖父母をはじめとした親戚・友人知人の協力を借りながら、子ども達の学校休みに対応します。2ヶ月に一度やってくるので、一つの休みが終わったら次の休みの準備を始めねばなりません。

ポエヌーさんご夫妻は、「できるだけ子どもは家族が見る」ポリシー。両親の有休日数が足りない期間、中学生二人と幼稚園生一人の子ども達は車で30分ほどの距離にある祖母の家で過ごします。

「休みの段取りはなかなか複雑ですよ。子ども達の学校休みに合わせて私と妻の職場の休暇希望を出しますが、それぞれの同僚にも家庭がありますから。私の部署は上司一人に同僚4人の体制で、独身で子どもがいないのは上司だけ。部下4人が7月・8月に休まねばならないので、彼の休暇はどうしても後回しになりますが、それでも毎年9月か10月には数週間休んでいます。**時期は譲るけれど、必ず。管理職にも取得義務がありますから**」

夏休みの取得時期の希望理由は、人によってさまざまです。7月のうちに早めに休み、まだ人が少ない8月にゆったりペースで仕事を再開したい7月派（ジュイエティスト）がいれば、やはりバカンスは夏真っ盛りの8月に過ごしてこそ！　という8月派（アオシエン）も。子どもがいて離別した保護者は、「子どものもう一人の親」との共同養育に、バカンスの割り振りも含まれています（具体例は次のケースをご参照ください）。

「うちの部署では毎年5月までに各人が希望を出し、その後上司が決定する決まりです。が、実際には同僚同士で2月3月から話し合います。必ず二人は部署に残っていなければならないので、希望を出す段階でできるだけ調整しようと。今年の夏は僕だけが7月希望で、あとの3人が全員8月に取得したがったので、決定するまでは職場にピリッとした空気が流れていました」

同僚間で希望が被った場合、最終判定を下すのは上司の役目。これまでの休暇の取得状況や家庭の事情（子のいる世帯は優先されます）を判断材料に、「今年はこうする」と決め、申し伝えます。前述したようにフランスの年次休暇は雇用主・管理職が最終決定権を持つので、従業員はその決定に従わねばなりません。

「上司が公正でなかったり、性格の強い職員にノンを言えない人だったりすると、職場が揉めるケースはあります。私の上司は幸い、誰に対しても良い顔をするのではなく、バランス良くバシッと決めてくれる。**一度決定したら、同僚達はそれに従い、後は根に持たず水に流します。**せっかくのバカンスですし、小さな部署で一緒に働き続けなくてはなりませんからね。そこはみんな、気持ちを切り替えるんです」

そうして上司が決断を発表する際に必ず話題に出る、公務員ならではの言葉があるそうです。それは『公益サービスの継続性　Continuité du service public』と『最小限サービス　Service minimum』。

「フランスの公職には3つの原則があります。公務員試験による機会の平等、変化する時代への適応、そして公益サービスの継続性です。**公務は営利事業のように、経営者判断で止めることはできない。**フランスの公務員にはスト権がありますが、その間も最小限のサービスを保障して、途切れなく続けなくてはなりません。希望する時期に休めなくても、公務員であれば致し方ないことなんです」

そこで譲らず勝手に休暇を取ることは許容されず、度が過ぎれば当然、警告や懲戒免職の対象になります。

まえがきでも触れましたが、フランスの民間企業では問い合わせ先の担当者が不在の際、「戻ってくるまで何もできません。お待ちください」としれっと返答されることがあります。ポエヌーさんのような公務員の方々には、それはできません。

部下の休暇の権利を保障しながら、サービスが維持できるだけの職員を確保し、その配置に公正を期してチームワークを守る。それは**「公益サービスの継続性」**を担う、**公務員管理職の必須業務**です。

その余波でバカンス期間に公益サービスの規模が縮小されたり、対応にかかる時間が伸びることがあっても、市民のほうは「まぁバカンス中だからね」と諦めて受け入れる。これもまたバカンス大国ならではのメンタリティだなぁ、公務員も「労働法に守られるべき人々」として社会が認めているのだなぁと、夏が来るたびに感じます。

年5週間休める働き方のポイント

■同僚それぞれの事情を考慮し、最終判断は上司の責任でする
■時期を譲っても、休暇は必ず取得する（管理職も）
■「公務サービスを止めない」との大原則を全員で尊重し、根に持たない

ケース3　業界の閑散期がそのままバカンス期：プール卸業購買・在庫管理

次に、営利団体の民間企業を見ていきましょう。

ここでも従業員達は、しっかり法定の長期休暇を取っています。時節柄の繁忙期がある業界ではそれに合わせて取得可能期間が決められ、年間の業務カレンダーや仕事の段取りも、繁忙期・閑散期を軸に組まれていきます。

「うちは業界全体の繁忙期が、春から夏前までの3ヶ月。会社の労働契約は法定通りの週35時間ですが、**繁忙期と閑散期によって、週の労働時間を変えています。**真冬の3ヶ月は週30時間、繁忙期の春から夏前までの3ヶ月は週40時間、それ以外の6ヶ月間は週35時間。**年間で労働時間総計の帳尻を合わせているんです**」

そう語るセリーヌ・ルゲイさんの勤め先はプール・スパの関連用品の卸会社。スペインを拠点とするメーカーから商品を買い付け、フランスに18カ所・ベルギーに2カ所ある倉庫での出入庫を管理するのが仕事です。

このような法定労働時間の年間調整は**「年間化契約」**と呼ばれ、4週間を最短単位としてまとめることを条件に、労働法で認められています。年合計で法定の労働時間は遵守しつつ、業界ごとに工夫できる余地を与える制度です。プールのように季節商品を扱う業界の他、レストランやホテルなど繁忙期・閑散期の差が大きい業種で使われています。

フランスはホテルや民宿の他、個人でも数メートルほどのプールを庭に設置する世帯が多くあり、2022年には全国320万以上もの世帯が所有しているとのデータも。[*52] 温暖化で熱暑が続く昨今はますますニーズが高まっています。地面を掘って嵌め込むタイプの固定式プールは一度作ればあとはメンテナンスのみですが、強化ビニール素材のプールを夏ごとに組み立てるタイプのものは数年に一回買い替えが必要で、毎年市場が動くのです。

南仏では4〜5月からプールに入る人もいて、設置は春〜初夏に行い、商機もそこに集中します。真夏にはもう繁忙期は終了し、8月の業務量は半減するそうです。同じ業界のメーカーや取引先も、同じ時期にペースダウンして休暇を取ります。

「**長期休暇も繁忙期と閑散期で決まっています。**夏の休暇は社内の誰も7月最終週まで取れないし、クリスマス周辺の2週間は全社休業するので、私達も強制的に年次休暇を取らされる。だからこの会社で勤めて16年間ずっと、私のバカンスは7月末からの3週間と、年末年始の2週間。でも、不満はないです」

閑散期とはいえ仕事はゼロではないので、チームごとに誰か一人は必ず出社しているように長期休暇のシフトを組むのがルール。ルゲイさんの事業所の同僚は13人で、2〜3月にそれぞれが希望を出し、3〜4月に事業所全体で夏のバカンス用のブリーフィングを催して、全員の取得日を決定します。

通常業務は二人もしくは三人チーム単位で働きつつ、休みのカレンダーもそのチーム内で調整するのが原則です。長期休暇で誰かが抜けても「チームで一人、誰か出社していれば回る」状態を保てるように、通常時の業務分担の仕組みを作っています。「まず**文書や資料、スケジュールはすべてドライブ共有**で、チーム内の全員が見られるようにしておく。そして**仕事の分担はタスク別で決めるのではなく、同じタスクの業務を数量で分ける方法を取っています。**私の部署は、20件の倉庫を3つの二人組チーム、つまり6人でカバーしています。私のチームは私が5件、コンビを組む同僚が4件を担当し、お互いのバカンス中には、残ったほうが相手の分の倉庫を見る。閑散期は仕事が半分以下に減るし、一人でも問題なく二人分を見られます」

休暇前には同僚の名前と連絡先を取引先に告げ、同僚には仕掛かり中の案件の進捗状況を伝えるのみ。同僚が休む時は自分が同じようにします。**確実に仕事の減る閑散期があり、作業ルーティンが決まっていて、出入庫数や納期など進捗を数値で把握できる業務では取りやすい方法**です。

繁忙期と閑散期がはっきりしている仕事には、他にはたとえば、野菜・果物の農業があります。いわゆる夏のバカンスシーズンは畑から離れられませんが、収穫が終わって畑を整え、次の作付けが始まるまでの冬の1ヶ月ほどは、まとめて休めるのです。フランス国内には留まらず、海と太陽を求めて南半球や常夏のリゾート地に出かける人々も多いのだとか。

仕事柄、勤め先に休暇の取得可能時期を狭く指定されているルゲイさん、休暇の取得時期をさらに固定する要素が、私生活面でもあります。

ルゲイさんは数年来、別れた夫と共同養育で小学生と中学生の子を育てるシングルマザーです。子ども達の夏休み2ヶ月の居場所は、元夫と分担で決めることになっています。

「子ども達の父親（とルゲイさんは呼んでいます）の仕事では、長期休暇は8月の後半2〜3週間で固定されています。7月の大半は私も仕事を休めないから、彼の両親が子ども達を預かってくれる。私は7月最終週を恋人と、8月第1週・2週は子ども達と過ごします」

フランスは離婚や別離世帯が多く、子どものいる世帯の25％はシングル親世帯です。[*53] 別離後は共同養育が原則で、子どもの学校休み中の養育分担は、別離の法的手続きの際に裁判所が子どもとの関係や双方の経済・就労状況を考慮して決定します。とはいえ決めるのは日数だけで、期間は別離した親同士が毎年・毎回交渉するもの。険悪なバトルになる場合も多く、私も知人から見聞きしています。トラブルなく分担され、子どもの祖父母の協力も得られるルゲイさんの状況は「かなりラッキー」と、ご本人も言います。

日数や期間が毎年固定されたバカンスでも、ルゲイさんにとっては「ないことは考えられない」存在です。日常を出て頭と気分を切り替え、心と体を充電するのは、人として必要な時間とも言います。

「私は1年をバカンスのために働いているから……。仕事は好きだけど、このご褒美があるから、休暇明けにも気持ち良く仕事に戻れる。**週末の休みだけではできないことが山ほどあるし、バカンスは自分のことを考えて、自分を大切にできる時間です。**

長期休暇で一区切りして、新年度をリスタートする良い効果は、仕事の面でも確実にありますよ」
ルーティン業務の段取りや手順を再検討・改善できる。業務や人間関係の悪い流れを区切って仕切り直せる。新しい取引先と仕事を始めるきっかけになる。価格見直しの節目にできる……ルゲイさんはスラスラと、バカンスの効能を挙げていきます。このインタビューのために考えたのではなく、普段から同僚や上司ともそのように話しているのだそうです。仕事にも意味があるとこれだけ明白に共有できていれば、長期休暇に罪悪感を感じることは全くないだろうな。そう感心しきりの一幕でした。

年5週間休める働き方のポイント

■閑散期と繁忙期で労働時間に濃淡をつけ、年間で帳尻を合わせる
■全社の休暇取得を業界の閑散期に集中させる
■不在対応しやすいよう、チーム全員で同じタスクを担い、数量で分ける
■長期休暇の効能を言語化し、上司・同僚と話し合う

ケース4　夏を避けて年間計画を作り、会議は最小限に：日用品製造業購買部

一方、明確な繁忙期・閑散期がない業界も多くあります。特に食品・衛生用品など日用品の製造業は、コンスタントにストックを持ち続けるため、工場を稼働し続けねばなりません。それでも「年間30日間取得」は、フランス労働法の揺るぎないルール。この業界で働く人々にも、そのためのノウハウがあります。

世界規模の日用品メーカーのソーシング（原材料購買）部門で主任バイヤーを務めるポール・ベルさん（仮名）が、業界や社名を特定しないことを条件に、実態を教えてくれました。

「市場的な繁忙期はないですが、取引の年間計画はほぼ定まっています。**みながバカンスを取る7・8月と年末年始には大きな商談をしないと決めて、それ以外に年間4回、毎年恒例の交渉シーズンがある。**大きいものは年2回で、11月から12月頭と、5月から6月。それから9月と3月に、四半期の調整のための交渉をします」

ベルさんの職場ではこの4つの時期を「交渉の4シーズン」と呼んでいて、自社工場や納入業者とも共通認識が取れています。この期間は社内でも社外でも、ソーシング関係者は長い休暇は取らないのが暗黙の了解です。

交渉スケジュールの起点は、原材料を加工する工場の生産計画です。こちらは年単位・6ヶ月単位・3ヶ月単位で数字が出されます。購買部で決め手になるのは3ヶ月計画で、その四半期の開始1ヶ月前までに価格と量を定め、最終的な買い付け契約を交わします。

とはいえ原材料の調達は社会情勢が大きく関わり、世界的・地域的な供給不足や運送トラックの運転手の人手不足、ストなど、不測の事態がいつ何時でも降ってきます。ここ数年はコロナ禍と戦争で、かなりタフな状況がありました。

当然「交渉の4シーズン」以外でも、工場・納入業者と連絡を密に取り合うのが、ベルさんの重要な仕事です。そのため同じ業界のソーシング周辺で働く人々は自然と知り合いになり、**クライアントと取引先の間でも、チーム的な関係が構築されます。**信頼に基づく人間関係が不可欠のため、キャリアの長短によって師弟関係のような繋がりで、人脈やノウハウを伝えていくのだそう。

「交渉期間にはもちろんシビアな数字の会話もありますが、手前勝手な利益だけを考えた条件を提示するケースは、私の周辺ではほとんどありません。**業界関係者が当然把握している相場価格と供給可能量、国際情勢がありますし、それを度外視した要求は、お互いの首を絞めてビジネスを停滞させるだけ。**そういうやり方をする人は邪魔なので上から異動させられるか、もし取引先なら、別の会社を探すことになります」

業界は異なりますが、ベルさんのような大企業のバイヤーを顧客とする中小企業側の社長さんにも、本書ではインタビューをしています。次の第3章でご紹介しますね。

決められた年間の取引スケジュールを遵守しつつ、日々刻々と変わる事態に対応して、量と価格をキープするソーシングの仕事。ベルさんレベルのバイヤーはいわゆる裁量労働制の年俸プレイヤーで、部下なしの管理職契約が一般的です。出張も多く、どれだけ働いても残業はつきません。が、1日の勤務時間は9時～18時で安定し、RTT（労働時間短縮日）として年間10日分が付与されています。

またフランスは労働法で「日常の休養時間」が定められていて、特別に協約や契約で定めなければ、**「2日連続で勤務する際は、前日終業時間と当日始業時間の間に11時間を空けねばならない」インターバルの規定**があります。[*54] コンプラ重視の大企業に勤めていると、これら労働時間の制限はかなり細かく遵守がチェックされます。「そうやって勤務時間が限られていても、仕事量は変わりません。私の仕事は不測の事態への対応が多いから、とにかく効率良く時間を使っていかなくちゃならない。チーム全体でも**『やらなくてもいい作業は極力、省略する』**意識が共有されています」

仕事はWindows365でスケジュールとタスクを共有し、週のタスクは10人のバイヤーチームで「誰が何をやるか」をグラフ化しています。そのグラフの作成係は週ごとの持ち回りです。主な連絡手段はメールですが、**自分がCCに入っているメールは、別途連絡が来るまで読まない。**ベルさんは受信ボックスに、自分が本宛先になっているかCCになっているかでソートする設定をしています。

個人の作業時間を削られがちな会議は、全社的に開催ルールが決まっています。これがまた効率重視で興味深いので、箇条書きでご紹介しましょう。

＊会議の出席者は案件の直接担当者のみ、最小限にする

＊自分の担当案件が済めば途中退席できる
＊アジェンダの記載がない会議招待は拒否できる
＊会議は最大25分を目安に設定する（その時間内で済むように準備する）

年間数万トンの原材料を買い付ける辣腕ビジネスマンのベルさんですが、休暇の権利を削ってまで仕事をする気はさらさらない、と断言します。**「休みなしに仕事をさせるのは搾取じゃないですか。今どきあり得ないですよ」**とバッサリ。

「どんなに仕事が好きでも、サラリーマンである以上はお金のために働いているわけですし。雇用契約に相当するミッションを時間内に終わらせるのが仕事です」

年次休暇は毎年夏に2、3週間、年末年始に1週間、子どもの学校休みのどこかに1週間で、毎年5週間をフルで取得します。頼れる実家が近くにないので、ベルさんが休めない学校休みの期間、子ども達は自治体が運営する終日の学童保育に通います。

「連続休暇は3週間が最大限度ですね。それ以上休むと、自分は仕事のカンが戻りにくいから」

休暇中も完全に仕事のモードを切らないよう、週に1、2回はメールボックスを見ますが、それは「そのほうが自分が落ち着いていられるから」。若い頃は休暇の終盤に仕事のことを考えてストレスになっていましたが、キャリアを積むにつれ、それもなくなりました。**自分はこれだけ休んでも大丈夫、リフレッシュした分より良い仕事ができると、自信がついていったと言います。**

ベルさんの上司も率先して休みを取る派で、「しっかり休んで英気を養ってきてくれ、新年度も目一杯働いてもらうよ！」と、笑顔で送り出してくれるそうです。

年5週間休める働き方のポイント

■ 取引先ともチーム的な関係で摩擦なく円滑なビジネスをする
■ 自分のタスクに注力し、それ以外の作業は極力省略する
■ 会議は効率重視で厳しめにルールを決める

ケース5　分業・当番制で整える医療者の働き方：医師、看護師

ケース3・4と続けて、「もの」を扱う卸売業と製造業をご紹介しました。ケース5では「ひと」を相手にする医療福祉の職業を見ていきましょう。

医療福祉には、児童福祉、障害者福祉、社会福祉、高齢者福祉、医療などの分野があります。養成課程と資格取得を必要とする専門職ながら、日本では人手不足と不規則な労働時間などにより、働き方がハードで過重労働が常態化しているイメージがあります。

フランスでも、医療福祉分野では常に人手不足が懸念されています。それでも各業界でそれぞれやり方を変えて、年次休暇の取得義務を果たしながら仕事を回しています。

たとえば保育園のように通園児童の生活拠点が家庭にある施設は、8月の1ヶ月間など決まった期間に施設全体を閉めてしまい、従業員全員に同時に休みを取得させます（次の章でそのマネジメント法を具体例にお伝えします）。親達は保育所の休園日に合わせて仕事を休み、社会もそれを許容しています。

児童養護施設やDVシェルター、ホームレス受け入れ施設など、困窮にある人々の生活拠点になっている施設は、このような一時休業ができません。支援の継続性と従業員の休暇取得の折衷案として、**居住者の日常生活に支障を出ない範囲のルーティンを維持し、急を要しない支援**（**行政手続きや健康診断など**）**は、支援担当者の休暇取得期間の前後にずらして行う**そう。たとえば未成年外国人に住居と生活支援を提供している非営利団体では、従業員の「休暇取得期間」と「同じ部署で一度に休暇を取得できる人数」を狭く設定し、半年前から業務調整を行っているといいます。

方法は違えども、**「休暇取得の時期を定め、仕事を前もって段取りする」**との考え方は、ここでも共通しています。

医療福祉分野の方々へのインタビューで印象的だったのは、公立総合病院に勤める外科医師と、私立総合病院の集中治療室で働く看護師のお話でした。どちらもしっかり法定の休暇日数を取得し、かつそれが個人の特殊ケースではなく、勤務先の職場みんなのスタンダードになっていました。

お話を伺ったこのお二人は、日本の総合病院での勤務経験を持ち、フランスでその「休める働き方」を実践している日本人です。フランスは日本と類似の国民皆保険制度がありますが、その体制や医療へのアクセスは、日本とまた異なっています。私自身が医療従事者ではないこともあり、医師・看護師の実例取材は、日本の現場を良く知る人にお願いしたく、日本人・日本での勤務経験を持つ方を探しました。

そのお二人から見た医療現場での「5週間休める働き方」は、優劣の判定なく日仏の違いを教えてくださり、多くの示唆に富んでいます。このケースは、ご本人達の語り口調でお伝えしますね。

●公立総合病院　脳神経外科医　アツシさん
日本勤務歴12年間、フランス勤務歴3年間

日仏の大学病院間の協定で、研修医（レジデント）として派遣されていますが、実質的には専門医（チーフレジデント）として働いています。大学病院の常勤教授のもとに配置され、当直はなし。契約は「公立医療職の労働協約（IDCC5022）」に準じ、残業込みで週平均55時間ほど勤務しています。

うちの病院では、**常勤教授の手術は毎週火・水・金曜日にやると決まっていて、脳神経外科全体の予定手術は毎日2〜4件ほどで組まれています。**平日は朝のカンファレンス（会議）から始まり、外来と入院患者の回診。木曜日は主にデスクワークの日です。

年次休暇は法定通りの5週間で、私以外もみな、消化しています。ボスの教授もです。3連休も休むのが難しい日本の状況とは違いますね。なぜフランスでは可能なのか。それは、日常の働き方を見ると理解できます。

まずフランスの勤務医は、**とにかく雑務が少ない。それは医師・看護師以外のスタッフとの分業が徹底しているから。**常勤医になると基本的に、仕事は手術・外来・病棟診察・カンファだけで、それ以外の事務仕事、紹介状や書類関係の書類もすべて秘書が担います。外来と手術のスケジューリングも、カレンダーアプリを使って秘書が管理し、検査オーダーや結果の受け取りも秘書がします。**常勤教授には一人につき一人、専門医には二人につき一人、秘書がつきます。**

専門業務以外の分業は、看護師でも同じです。手術室の清掃や手術道具の消毒を行うのは日本のように看護師ではなく、他に専門の人員がいます。手術室から病室に患者を移送するのも、力自慢の専用人員が2、3人いる。**院内業務の分業が、医師と看護師以外の多くの人員に担われている**のです。

そうして雑務を少なくした上で、フランスは外来も手術も入院中の診察も、**完全当番制**で行います。執刀担当医はもちろんいますが、その先生が術後にも主治医として病棟を回診するとは限りません。回診は主に研修医が担い、「今週は君が3階病棟、来週は5階病棟の担当ね」と**週替わり・入れ替わりで当番を割り振られます。**患者さんもそれを分かっているので、執刀医を求める人はあまりいません。

教授クラスの外科医になると「この先生に執刀してもらうために」と病院を選ぶ方も多いので、回診中に「教授と話したい」との要望を受けることもあります。ですがそれも「教授は今多忙なので伝言しますよ」と言えば、深追いされることはほぼないです。

土日の当直も完全当番制で、専門医と研修医がコンビで担当します。まず研修医が診察し、手術が必要であれば専門医が執刀、難しいケースは教授に連絡が行きますが、それも電話の指示程度で、教授が当直に来ることは珍しいです。

日本は主治医が診察から執刀、手術後の回診も担う担当医制ですね。私もその中で学び経験を積んでいるので、治療の継続性やカルテの引き継ぎなどで担当医制の良さは実感しています。が、治療のゴールという点では、当番制もそこまで大きな違いは感じません。チームで担って「この病院ではどの先生が回診に来ても同じ治療になる」と患者さんに感じてもらえたら良いのだと思います。

もう一つの違いは、**集約化**です。たとえばパリ圏では、重篤なケースの救急対応を6つの大学病院で日替わり輪番する連携体制「グランド・ギャルド（大当直）」があります。**救急対応も集約化しているんです。**＊55 各病院は6日に一度の担当日の当直日に人員を多く配置し、24時間体制で救急車を受け入れる一方、残りの5日間の当直はより少ない人員配置で回せる。集約化は医療アクセスの距離が伸びる面もあるので、良いことばかりではありませんが、**医療側としては余力を作れる方法**です。

少し話が逸れますが、フランスの脳神経外科の専門医は数にして日本の10分の１以下で、その分、手術できる先も集約化されています。たとえば私がこちらで教授について修業している脳外科手術は、今の病院では年間２００～３００件くらい行っています。日本の勤務先では同じ手術の実績は年間50ほど。同じ都道府県内にある、別の総合病院に分散していたんですね。

フランスでは１カ所の病院で手術経験を豊富に積めるので、ある領域に傑出したスター外科医を育てやすいとも言えます。ただそうして専門性に特化していく半面、専門以外の一般的な手術に関しては、日本の医師のほうが対応力が高いと感じます。

最後に、働き方の違いをもう1点。フランスの同僚の勤務医はみんな、**自分の仕事が終わったらさっさと帰る。**日本だと上司の医師がいたら自分の仕事が終わっても帰宅しづらい……ということがありますが、フランスではそれは全くないです。会議中でも「子どものお迎えの時間だから帰ります」と、19時頃に医師が抜けていきます。

上司の教授がいても「あ、また明日ね。お疲れさん」で済んでしまう。そのへんがサクッとしているのは良いですね。

このような仕組みやスタンスで回っているので、**フランスの病院では、「誰かの不在が、残った誰かに負担をかける」ということが起こりにくくなっています。**だからでしょう、フランスの勤務医は研修医も専門医も常勤医も、教授クラスでも、数週間のバカンスを取得できます。医師のバカンス次第で手術の日程が変わるのはよくあることですし、それは開業医のほうも同じと聞きます。患者さん達も、執刀医が学会やバカンスでいないとなっても「あ、そうなの。じゃあ仕方ないわ」と。**医師であっても、ちゃんとバカンスを取って休暇を楽しむのが当たり前**なんです。9月に病院に戻ると、患者さん達も「きれいに日焼けしたね。バカンスをしっかり楽しめて良かったね」と明るく会話をしてくれます。

私自身もフランスで働くうち、**バカンスが仕事に必要なメリハリと考えるようになりました。**今では春先あたりから、夏を楽しみに働くようになっています。4週間、家族としっかり遊んで、バカンスが終わると「だいぶ遊んだから仕事しなくちゃ！」と思える。

日本で働いていた経験を振り返ると、**担当医制は、医師個人への負担がどうしても大きくなってしまう**と感じます。業務量的にも、患者さんとの精神的な関係や責任面でも。担当医制は患者さんと医師の信頼関係が密に築けますが、その関係が深くなりすぎる危険もあります。

２０２４年からは日本でも、医師の働き方改革が始まります。「休まない・休めない・休みにくい」日本の医師の働き方を考えるために、フランスで私が経験した当番制や分業の考え方が何か役に立てればと、インタビューに協力しました。

年５週間休める働き方のポイント

- 医療以外の業務スタッフとも分業し、雑務を減らす
- 当番制で「チームの誰がやっても同じゴールの治療」をする
- 誰かの不在が同僚の負担にならない仕組みを作る

●私立総合病院　循環器疾患集中治療室（以下ＣＣＵ）看護師　サトミさん

日本勤務歴6年間、フランス勤務歴7年間

日本で看護師資格を取り、公立病院に勤めたのちにフランスに渡りました。フランスでも新たに看護師の国家資格を取得して、２０１５年から私立病院で働いています。新型コロナ禍の２０２０年は看護師招集があり休みなしでしたが、去年と今年はコロナ禍前と同じリズムで働けるようになりました。

私は「非管理職　non-cadre」の看護師です。無期限の正規雇用で、契約は年間で調整する週35時間労働。労働時間の配分は一般的なサラリーマンとはかなり違います。私の勤務先では看護師に「日勤専門」と「夜勤専門」の2種類の働き方があり、私は前者。勤務時間は朝8時から20時までで、シフトは2週間単位で組まれます。１週目は月・火・金・土・日曜日の週5日勤務、水木休みの週60時間労働。２週目は水木連勤の週2日勤務・24時間労働です。20時から8時の夜勤シフトで働く人は、給与などの待遇が日勤よりも良くなります。

年次休暇は法定の５週間、加えてＲＴＴ（労働時間短縮日）が１ヶ月に２日半と、年３日の追加有休があります。休みが多いですよね。１年間の勤務日数はどれくらいなんだろうと数えてみたら、１２０日もなかったです。でもそれで良いと思っています。**長時間連続の肉体労働で、命を預かる仕事をしています**から。この休みの長さは、特殊な仕事の対価です。

そのように考えて仕事ができるのは、この国では**看護師の職務と責任の範囲が明確に定められているからだ**と思います。

フランスの医療体制は分業制で、看護師の仕事は「看護」です。患者さんを一番近くで継続して見て、検査や診察、治療が必要そうであると判断したら、それぞれの診療科の医師に連絡を出します。ですが私自身は、その検査や診察、治療の担当でないことも多いです。そこは分業ですから、手を出しません。

なぜかというと、契約の際の「職務表　Fiche métier」にそう書かれているからです。そこで**「これ以上も、これ以下もしない」という仕事の範囲が決まっています。**

その範囲外の業務は、私達看護師の知識や職能では責任が持てないので、してはならないんです。

また看護師の職務は、全国看護師会の定める「職業義務　Code de Déonthologie」でも明文化されています。＊56

私の日本の看護師時代は仕事の範囲がここまで明確ではなく、看護師の業務ではないと感じる仕事も、ボランティア精神でやることが多くありました。「やるべきことが明確に書かれている」のは、日仏で違う点と感じます。

また**看護師と患者の配置基準も厳格で、「これ以上の数を担当しては患者を危険に晒すもの」として絶対厳守されます。**私の部署のCCUでは、看護師一人につき患者4名が最大数。病床自体は最大18床設置できますが、今は看護師が3人なので12床しか稼働していません。私立の医療機関なので黒字化は重要ですが、医師も師長も、配置基準を破ることはしませんね。危険ですから！

もし急な病欠などで看護師が休んだ場合は、院内の人員管理部の「プール」部門から、バックアップ看護師が送られてきます。**このプール部門は幅広い診療科を担当で**

きる職能豊かな看護師集団で、バックアップのためにあります。人員不足の管理職がヘルプを送ると翌日には心強い助っ人を送ってくれる素晴らしいシステムです。年次休暇でお世話になることもあるので、このシステムも是非、紹介してほしいですね。

年次休暇はかなり前倒しで、部署内で話し始めます。今は9月ですが、来年3月の調整をしていますよ。同僚達とある程度すり合わせて師長に希望を出し、休暇開始の2ヶ月前には師長から決定が来ます。

学校休みの期間は子持ち世帯の休暇が優先になりますが、私の周囲はそれで問題なくいっています。私は旅行が生きがいで、旅費の高い学校休みの期間は避けて計画したい。なので子持ちの同僚がいると、お互い様でちょうど良いです。

一度だけ、同僚全員が同じ時期に休暇希望を出して、誰も譲らなかったことがありました。師長は誰かの予定を変えさせることはなく、「今回だけよ！」と言って、代理要員を外部の派遣会社に手配してくれました。その気持ちはありがたかったですが、休みは私達の権利ですし、それを行使させるのは管理職の仕事。**休暇取得のため**

の調整は、非管理職の私達が肩代わりしてはいけない業務です。私達には代替要員を手配する権限もありませんしね。

看護師がバカンスを取ることを悪く思う患者さんには、フランスでは会ったことがないです。みなさんむしろ、「しっかり休んできてね」と送り出してくれる。**看護師が休養できないと、その余波は自分達に返ってくると知っている**のでしょう。フランスには日本的なプライマリーナーシング（個人担当制看護）の考え方はなく、むしろ、**医療者は患者と適正距離を保つように気を付けています。**

フランスの非管理職の看護師は、決してお給料は良くないです。ですが年間の勤務日数がこれだけ少ないですから、総合的に見たらこんなものかと思います。医療従事者には休みが必要ですし、**日勤と夜勤でワークシェアをしていると理解しています。**

年5週間休める働き方のポイント

- 職務と責任の範囲を明確にする
- 非管理職は管理職の業務を肩代わりしない
- 勤務日数が少ない職は、ワークシェアをしていると理解する

職種・業種は違いながら、同じように年間5週間休むサラリーマンの人々の働き方を一部、ご紹介しました。遠い異国のフランスですが、同じ21世紀を生きる人々の「休むための働き方」が、イメージできたかと思います。

みなさんの職場との共通点や違いは、どのように見えてきましたでしょうか。

次の章では、「年次休暇を取らせる側」に視点を移しましょう。経営者・管理職のマネジメントの考え方とノウハウに迫ります。

保育所、自営農家、報道メディア、食品加工業、工務店、パン屋など、第2章とは異なる職域が登場します。

労働法で保障された年次休暇のない、自営業者・経営者や、フリーランスの方々の休み方も、取り上げていきますね。

第3章

経営者&管理職が語る、休暇マネジメントの思想と実践

バカンス大国フランスについて、第1章ではその歴史を、第2章では現行制度とその制度下で長期休暇を取る人々の実例を見てきました。**この国のバカンス文化の大きな特徴は「雇用主と管理職が取らせる」仕組み**であることが、ご理解いただけたかと思います。

第3章ではいよいよその雇用主と管理職に焦点を絞り、休暇を取らせる側の考え方と実践法に迫ります。

長期休暇制度を動かす2〜3割の人々

フランスで「長期休暇を取らせる側」にいるのは、就労人口全体の29・4%(2021年)。第2章でも挙げた「社会職業分類」の表のうち、「独立農家」「職人・商人・経営者」「管理職」に当たる人々です。*57 管理職の中には部下を持たない契約が存在し、独立農家には人を雇用しないケースもあるので、目安としては**「働く人の2〜3割」が大なり小なり決定権を持って、長期休暇を差配している**と言えます。

図表8 フランスにおける民間企業の雇用実態（2020年）

企業種類（従業員規模）	企業数	従業員数 （フルタイム正社員相当）
大企業（5,000人以上）	273	391万8千(28.8％)
中間企業（250人ー5,000人未満）	5,951	346万7千(25.6％)
中小企業（10人ー250人未満）	14万6,381	390万(28.8％)
極小企業（10人未満）	408万5606	227万6千(16.8％)
合計	423万8211	1,356万

注：極小企業は従業員が事業主一人の場合も含む
調査対象：フランス国内、農業及び金融系企業を除く
出典：フランス国立統計経済研究所　年間企業統計（Esane）2020年より筆者作成

この中でも役割分担があり、まず雇用主（経営者）は、国の労働法・業界の労働協約・自社の労働契約に即して従業員の「休暇取得のルール」を決める立場です。次に管理職が、そのルールに従って取得義務を遂行します。

規模の大きい企業・団体の場合はこのように、ルール設定役と義務遂行役が分業されます。雇用主と部署管理職の他、人事部が加わることもありますね。一方、個人商店のように事業規模が小さい場合ですと、雇用主が一人もしくは契約している会計士などの協力を得つつ、ルール設定と義務遂行の両方を担います。

フランスにはどの程度の規模の企業があり、各々がどのくらいの従業員を雇用しているか。参考として、前ページの図表8をご覧ください。企業規模による大きな偏りはなく、雇用がなされている様子が分かります。＊58・図表8

第3章では雇用主・管理職の役割分担に着目しつつ、それぞれ3～4名の方にお話を伺いました。企業・団体の規模や業界の異なる人々にお願いしましたが、「休暇のマネジメント」の考え方や実践法にもやはり、原則的とも言える4つの共通点が見えました。

その1　年次休暇は給与と同様、人件費の必須項目と考えて計算する

その2　長期休暇のメリットを認め、業務の一時的な停滞や縮小を恐れない

その3　前もって段取りし、早めに決める

その4　業界・仕事の特性を反映し、合理的かつ明快なルール設定をする

どの雇用主・管理職の方も、ご自身の年次休暇のマネジメント方法をはっきり・サクサクと言語化していたのが印象的でした。「それは部下に任せています」「ケースバイケースです」のような、曖昧な解答は皆無。**フランスの年次休暇は、成り行き次第で「できたらやる」任意制度ではない。**いかなる時と場合でもきっちり段取りして遂行するべき、**給与支払いに並ぶレベルの雇用者側の責務である**と、取材を通して如実に感じられました。ある意味ストイックともいえる遵守ぶりです。国の制度で「罰則付きの義務」と決めると、こうなっていくのだなぁ……。

では早速、その合理的・明快なマネジメント法を見ていきましょう。第2章と同じように、当事者の生の声で語られる具体例から、「取らせる側」の重要ポイントを探ります。

ケース1　権利がなくても休ませる：施工会社社長、従業員5名

最初にご紹介するエディ・ベルヴィルさんは、住居の増改築を専門とする施工会社

の社長です。電気、水道などのインフラ工事をはじめ、壁や天井の修繕を含めたリフォーム・リノベーションを総合的に手がけます。ご自身も水道・電気・内装の職工として25年、社長として15年、施工改築に携わってきました。

法定の年次休暇について尋ねると、「もちろん、5人の従業員全員が取得していますす」と即答されました。

「マダム。ご存知でしょうけれど、フランスではそれが雇い主の義務ですからね」

この章の取材ではどのケースでも、年次休暇の実践に触れる前に、通常時の働き方から説明されました。**年次休暇期間の回し方は、通常時の働き方を縮小・ペースダウンして考える**もの、との認識が共有されているからです。

ベルヴィルさんの会社では、従業員がフルで揃う期間でも、同時進行で担う工期数週間以上の現場は3件までと決めています。工期開始の6ヶ月前から依頼を受け始め、1ヶ月前には工期を確定。器材や材料（塗料、タイル、部品）の発注・納品を見越したスケジュールです。新規客は紹介のみで受けるものの、予約表はほぼリピーターで埋まります。

「ウチの作業員は全員無期限雇用の社員だし、工賃も安くない。けどぼったくりは絶対にしないし、値段に見合った仕上がりと前倒しの工期で進めます。お客さんは満足してくれて、同じ施主が何度も頼んでくれますよ」

そう胸を張るベルヴィルさん。定期的に入れていく3つの主要案件に加え、小規模の修理や業務完了した現場のフォローアップなどを流動的にこなすのが、彼の会社のルーティンです。

余談ですが、フランスの住居は一軒家も集合住宅も新築が少なく、現代では、自宅用不動産購入の8割は中古物件と言われています。[*59] 中古物件を買った人は必要に応じてローンや貯金をしながら、自分好みに改築するのが定石です。時間をかけて少しずつ改装する場合、信頼できる施工改築業者を見つけたら、何年ものお付き合いになることも。ベルヴィルさんの会社のような小規模の施工業者が受注数を絞っても安定して事業を継続できる背景には、古い物件を直しながら住み継いでいく（つまりリフォーム前提の不動産売買が多数派の）、フランスの不動産事情が関係しているのでしょう。

話を年次休暇に戻しましょう。ベルヴィルさんの会社では、長期休暇は8月、主に前半・後半に従業員を分けて取得させます。2ヶ月前に希望日程を集め、会計士と相談し、各社員の取得日を決定。勤続年数や取得済みの休暇数によって残存の年次休暇日数が異なり、その状況は個人別に、給与明細とともに管理しているからです。

「私の会社では、建築業界の労働協約を適用しています。そこでは年次休暇の年間取得義務は『4月1日から翌年3月31日』の間で動かすと決まっている。『1ヶ月働いたら、2日半の年次休暇が得られる』のは、国の労働法と同じですね。雇って1年目の従業員の場合、雇い始めの時期によっては、夏までに2週間分の有給休暇日数が溜まっていないこともあります。その場合でも、本人が希望すれば休ませますよ。日数の足りない分は無給休暇扱いになりますけどね。**長く働き続けるには、心身を休めてガス抜きするバカンスが重要です**」

日程の決定に関して従業員とトラブルになったことは、今のところなし。「年次休暇の日程は雇用主に決定権がある」との法律が従業員にも周知されているので、不服を言われることもないそうです。

8月の長期休暇期間をトラブルなく経過するため、7・8月の2ヶ月は、あらかじめ決めた案件のみを動かし、突発的な依頼は小規模でも受けないようにしています。中小企業はクライアントの要望に応えてなんぼ、機動性が大切、というようなイメージがありますが、夏の2ヶ月間にそうして休みを優先することに対し、ベルヴィルさんのクライアントからはどんな反応があるのでしょう。

「何も言いませんし、言わせませんよ。そもそも7月・8月は施主達もバカンスに出るし、工事で必要な資材メーカーだって工場を閉めますからね。私達もメーカーから『その時期は納品できないよ』と言われます。**夏は社会全体がペースを落とす。**フランスはもう何十年も、そうして回ってきているんです」

第2章で見てきた「業界全体で休む」慣習が、施工・改築関係でも共通しているのが、その回答に表れています。

受注件数を減らすことは、会社の売上に直結します。それでも休暇期間を取ることについて、ベルヴィルさんの考えは明白です。

「**法律で決まっているというのはもちろんですけれど、セ・ラ・ヴィ（それが人生）で**

すからね」

おお、ここで「セ・ラ・ヴィ」の決め台詞が出るのだな……！　思わず感心していると、「そりゃそうだ」と肩をすくめて強調されました。家族でリラックスして過ごし、日常と違うものを見ること。**40年以上働き続ける人生では、仕事以外の世界を知り、のちのちまで家族と語り合える思い出を作るのが大切だから。**

「私のバカンスの楽しみは、毎年休暇明けに、写真のアルバムを作ること。休暇中だけではなく、後から家族と一緒に写真を見直せる時間もまた、良いものですよ」

そう語るベルヴィルさん自身も、15歳で施工業界に入った見習い時代から、親方に夏の休暇をしっかり取らせてもらっていたそうです。今は経営者なので従業員のような年次休暇の権利はありませんが、それでもやはり、年間5週間の休みを自主的に取ります。夏は3週間を海や山で過ごし、冬は1週間、スキーと自然の中でのレジャーを満喫します（その豪快な休み方は、次の章でご紹介しますね）。あとの1週間は春か秋。しっかり休んで遊んで、バカンスの後には仕事に戻るのが嬉しいと感じるそうです。

とはいえそこは経営者、「自分の性格上、そのほうが落ち着くから」ということで、バカンス中も**電話とメール**が来たら必ず応えます。休暇中であること、戻り次第連絡することを丁寧に伝えると、クライアントの全員が「邪魔してごめんなさい」と詫びてくれるそうです。

「もしもバカンスがなかったら？　はぁ……それは大変だなぁ。**私達の仕事は肉体労働ですし、心も体ももたなくなってしまう。**長期休暇を取らないなら、働くのは週3日くらいにしないといけませんよね。国が違えば働き方はもちろん違いますけど、日本の方々はどう休んでいるんでしょう」

今、日本社会はまさに働き方と休み方の過渡期にあることを説明すると、興味深そうに耳を傾けてくれました。

「日本はそうなのですね。きっとこれから、良い形に変わっていくんでしょう。フランスだって、私達の祖父母の代は違いましたから。70年代には夏に1ヶ月まるまる休業するのが普通でしたが、それでは休みが長すぎるからと、今のように夏と冬に分散するようになった。**社会全体で習慣を作ってきた歴史の上で、こういう形になっているんです**」

休暇をマネジメントするポイント

■長期休暇は心と体を休ませる、肉体労働の必須事項
■無給休暇でも、休みを望む従業員の意思を尊重する
■長期休暇の取得期間は新規の依頼を受けない

ケース2 従業員に与えた休暇で国の経済を回す：パン職人兼経営者、従業員17人

「取得時期は雇用主が決める」の原則で動くフランスの年次休暇制度の中、自営業でも雇用主の一存では決められない、特殊な職種が存在します。それは調剤薬局、そしてパン屋です。生命維持に必要な品を商うため、常時、近隣地域内で持ち回り営業をする風習が作られています。

薬局は国の公衆衛生法典で常時営業の当番制が定められ、同業者間で調整した週末

や祝日、夏・年末年始休暇期間の当番シフトを、行政に届出る義務があります。＊60 一方パン屋には全国的な法律はないものの、「市民を飢えさせないための職業である」との自覚から、パン職人達が自主的にゆるやかな当番制を維持しています。

パリ圏だけは事情が異なり、18世紀末のフランス革命中に休業していたパン屋が飢えた庶民に虐殺された（！）歴史から、パリ近県の行政当局が管轄内の全パン屋に年次休暇の割り振りをする、違反罰金付きの条例がありました。＊61 その条例は２０１４年に「企業の行政手続きを簡素化する法律」によって廃止されていますが、市民の食生活を支える職業との自覚は現在でも変わらず、パン職人達に共有されています。

「朝食のクロワッサン、昼食のサンドイッチ、おやつのパンオショコラに夕食のバゲット。フランスの人々の多くは、１日１回は近所のパン屋に足を運びます。生活に欠かせない商店だから、パン屋はコロナ禍のロックダウン中でも営業が許可されていました。毎日毎日、深夜からパンを焼いて店に並べ、笑顔でお客を迎える。この職業の魅力でも、大変さでもありますね」

そう語るのはパリ10区で4年前からパン屋「サン・ブーランジュリー」を営むアントニー・クルテイユさん。オーガニック小麦を用いた長時間発酵の天然酵母パンや、捏ねから成形まですべて手作業で行うヴィエノワズリー（クロワッサンやパンオショコラなどの折り生地パン）など、丁寧に作られた味わい深いパンとお菓子の美味しさで人気を集めています。

1日のパン作りが始まるのは、深夜1時。一人目の職人が出勤し、前日の午後に仕込んでおいた発酵生地を焼き始めます。その後2時間おきに一人ずつ職人が出勤し、朝6時には午前シフトの職人6人が揃って作業を開始。午後には深夜シフトの職人と入れ替わりに4人の職人が出勤し、翌日早朝から焼く生地を仕込む……と、人員配置は複雑です。工房に誰もいなくなるのは、22時から翌朝1時までの3時間のみ。店舗に並べる商品の他、パリ市内の60〜80軒のレストランにも卸しているパンを、13人の職人達で作っています。

「働くのが好きでなければ、選ばない仕事ですね。**みんな、自分達の職業は特殊だという自覚がありますよ**」

クルテイユさんはそうあっけらかんと笑います。

その仕事の特殊性から、週35時間労働が原則のフランスでも、パン屋は週39時間契約での雇用が認められています。クルテイユさんの従業員（パン職人と店舗スタッフで合計17人）もみな、週39時間の無期限雇用です。年次休暇は他の職業と同じく年5週間が必須で、17人全員に取得させています。

雇用主としてその義務を果たすにあたり、クルテイユさんは「年次休暇は、1ヶ月分のボーナス」と考えるようにしていると言います。

「年次休暇は5週間の有給休暇ですよね。つまり経営者は、約1ヶ月分の給与をプラスで払うと考えると分かりやすい。**スタッフ一人を1年間雇いたいなら、13ヶ月分の月給が必要と最初から見積もるわけです。それを人件費として含めて、経営を考える。**フランスでは商売をする人間には、**年次休暇を含めた人材管理が基本のビジネスモデルになっている**と言えますね」

1年分の人件費を13ヶ月分の給与で考える――言葉にすると1行ですが、小規模の事業者にはなかなか大きい負担に思えます。ですがクルテイユさん自身は、年次休暇が経営者にもたらす経済的負担を疎ましく感じたことは一度もないそうです。

「**年次休暇制度は、国の経済を動かすもの**ですから。私が従業員に払った休暇中の給与は、彼らが滞在費や余暇費として使うことで、バカンス先の土地で誰かの儲けになる。儲けが出る場所には雇用が生まれます。自分のスタッフを休ませることが、他の経済セクターを潤している。**バカンスは相互扶助の仕組み**なんです」

また従業員を見ていても、年次休暇はとても有効と感じるそう。

「休暇明けにはみな幸せな状態で、満足して仕事に戻ってくれます。日常から離れて、自分自身を大切にできる時間は、リフレッシュのために欠かせません。うちは特にスタッフがともに作業する時間が長いですからね。どんなに仲が良いとはいえ、少し離れることで、また会えるのが嬉しくなる。次のバカンスのためにまた働こうと、良いモチベーションにもなっているのが分かります」

スタッフ全員を休ませるために、クルテイユさんは周辺の住人が多くバカンスに出る8月の3週間と年末年始の2週間、店舗を閉めることにしています。その期間も営業しているレストランからの注文には対応するため、8月は4人、年末年始は3人が必ず工房に残るよう、交代で休暇を取得させます。店舗での小売分の生産量を落とし、卸売分の生産は維持しながら、年次休暇の取得義務をクリアする仕組みです。

　その期間はクルティユさんも休暇を取り、緊急事態でない限りは工房に足を運びません。夏休業の3週間のうち1週間は溜まった事務仕事をこなし、残りの2週間はフランス国内の海辺でリラックス。注文やメールは日々追いつつも、頭の切り替えをする大切な休養時間としています。

　部下の誰がいつ休み、残るのかを決めるのは、従業員達の自主的な調整におまかせ。8月の休みは5月から、年末年始の休みは9月末から、話し合いをするように促します。

「年次休暇の取得日は雇用主が決められることになってはいますが、私はなるべくスタッフ達の話し合いに任せています。バカンスは気持ち良く楽しむためのもの。上から強制されてほしくないんです」

　そのボスの思いが伝わっているのか、今のところ、年次休暇のシフト決めでトラブルが起こったことはありません。クルティユさんが最終決定をしなくてはならない事態もなく、スムーズに経過しています。

彼のお店の周辺地域にはパン屋が多く、前述の条例が廃止になってから開業したので、同業他社と休業期間の相談をしたことはないそうです。見習いの頃は条例の施行中だったので、街の親方達が夏季閉店の時期を話し合っていたのを、クルテイユさんも覚えています。経営者達の休暇のマネジメント法も、歳月とともに変化していることが伝わるエピソードです。

休暇をマネジメントするポイント

■生命維持に必要な商店は、休暇時期を地域ごとに輪番する
■年次休暇を人件費の範疇で考え、ビジネスモデルを立てる
■従業員に与えた有給休暇が国の経済を回すと、広い視点で考える

ケース３

違いを尊重する精神で仕組みを作る：
食品副産物加工業社長＆総務部長、従業員５００人

雇用主の休暇のマネジメントは、業界と事業規模によって異なると前述しました。最初の二つは小規模の事業で、雇用主が従業員と直にやり取りし、年次休暇を段取りしていましたね。これからご紹介するのは事業規模が大きく、従業員一人一人の年次休暇を、雇用主が直接には管理しないケースです。**雇用主が決めた休暇取得ルールを各部署の管理職が遂行し、加えて、複数人の管理職の義務遂行を人事部が取りまとめています。**日本でも多くの大企業・中規模の企業は、休暇を管理するにあたり、このような体制が取られています。

話を聞かせてくれたのは、パリから電車で1時間ほどの中規模都市オルレアンに本社を持つ「プロディア」社のベルナール・ラフェイ社長と、本社総務部のマリー＝ノエル・グージョン部長です。約５００人の従業員を、フランス国内10の本社・支社と

15の工場・倉庫で雇用しています。

プロディア社は、畜産・水産物のうち人間の食用にならない部位（通称カテゴリー3）を回収してカット・粉砕・冷凍・乾燥などの保存加工を施し、飼料やバイオ燃料の原材料として販売するバイプロダクト（副産物）メーカー。原材料の取扱量は年間約6万5千トン、売上高は年間約2億ユーロ（2023年1月現在で280億円）と、ヨーロッパのバイプロダクト業界では主要企業の一つです。原材料は主に欧州内で買い付け、フランス国内の自社工場で加工製造を施したのち、世界中の顧客に納品しています。

畜産・水産物は季節を問わず加工処理がなされるので、プロディア社の製造工場も繁忙期や閑散期なく、年間通じて稼働しています。休業は1月1日・5月1日・12月25日の年3日のみ、大晦日も工場は18時まで動いています。従業員の半数は回収・納品車の運転手です。工場のライン従業員は週35時間労働契約で、製造サイクルは140時間単位で設定。作業員達は1日3交代制で、1週間の労働時間に以下の4つのパターンを原則として設けつつ、各パターンを4週間で一巡するシフトで働いています（当然ながら、状況による変更や調整はあります）。

1週目：47時間　2週目：32時間　3週目：31時間　4週目：30時間

「本社には9つの部署があり、102人の従業員のうち90人が無期限の正規契約。有期限契約は長期病休や産休などの代替要員が主で、もちろん、その人達も全員が5週間の年次休暇を取得します。義務取得の管理は各部署の部長の管轄です」

そう話すのはグージョン総務部長。勤続32年、社長も全幅の信頼を置く女性管理職です。自身は裁量労働制で年間217日勤務の契約の下、平均して週45〜50時間働いていますが、5週間の年次休暇と年10日間のRTT（労働時間短縮日）は消化しています。

「総務部や営業部では、休暇取得でトラブルになったことはこれまでなかったですね。**役職なしの部下達も、部署全体の仕事量や状況を見て、仕事に支障のない範囲を自主的に考えながら、同僚同士でお互いの休暇日程を調整します。**上司はそれを確認し、承認するくらいです」

フランスはバカンス大国と伝えると、みんなが自分の休みを最優先して仕事は二の次にしているようなイメージを持つ人もいますが……そう恐る恐る尋ねると、「ノンノン、それはないですね」と軽く一笑に付されてしまいました。

「そんなことをしたら、さすがに社会が回らなくなります。私の知る範囲のオフィス

図表9 **プロディア社休暇取得の希望プラン表**

2022/5/1~2022/10/31 の休暇取得　希望プラン
氏：＿＿＿＿＿＿＿＿　名：＿＿＿＿＿＿＿＿

	5月	6月	7月	8月	9月	10月
週数						
週数						
週数						
週数						
週数						

注意：年次休暇を2ヶ月まとめて取得する場合は、5月〜10月以外であっても、希望プラン提出期間中に部署管理職に申請し合意を得ること
この希望プラン表は至急部署管理職に提出すること
部署管理職は2022年2月15日までに各従業員に回答し、
承認した日程を「休暇日程表」に印刷の上、人事部に提出すること

ワーカーはみな、バカンスを取りながらも生産性良く働いていますよ。**どんな業務も前もって準備をすれば、休暇を取るのに何の問題もありませんしね。**ですが工場の部署は、また事情が異なります。生産ラインを動かすために必要な作業員数が部門ごとに定まっていて、それを変えることも難しい。部長の人員管理能力が、より重要になってきます」

そこでグージョン部長は、工場内の加工製造ラインの部署で主に使っているという1枚の表を見せてくれました。*62・図表9 毎年1月に全社員に配布する「休暇取得の希望プラン表」です。プロディ

ア社の夏季休暇の取得期間は毎年5月1日〜10月31日を原則とし、2月15日には各部署の部長が、その年の部下全員の休暇日程を定めて承認します。

希望プラン表には、年次休暇にまつわるプロディア社のユニークな社内制度についても書かれていました。それは「年次休暇のまとめ取得制度」。上司の承認があれば最大2ヶ月間まで、数年分の年次休暇をまとめて取得できる仕組みです。製造ラインにはアフリカなど遠方に故郷を持つ従業員が多く、彼らが長めに帰省できるようにと考えたものだそう。

「不在の間ももちろん、職は保証されています。年次休暇制度の一環ですからね。ただまとめ取得の利用には『7月・8月は取得不可』の条件を付けています。**長く休む代わりに、みんなが休む夏にしっかり働いてもらう。**この制度のおかげで、工場の管理職達は夏の人員配置で助かっているようです。従業員の多様性が企業の力になる一例ですね」

文化習俗が異なる従業員の多様性が、年次休暇制度の運用にプラスに働くことは、他のケースでも見聞きしました。夏以外でその効能が発揮されるのは、フランスで最も重要な家族行事であるノエル（クリスマス）の時期。クリスマスを祝わない文化圏の同僚がいると、年末年始の休暇の段取りがスムーズにいくのだそうです。私の知人でフランス企業で働く日本人も、「自分は年越しとお正月に休みたいのでクリスマス時期に働くのだけれど、同僚にはとても感謝される」と話していました。

話をプロディア社に戻しましょう。夏の休暇を「毎年1月〜2月」とかなり前倒しで決めるのは、前述したように、製造ラインを維持する必須作業員数の確保のため。休暇希望の組み合わせが悪くどうしても人員が足りない場合は、従業員の家族や友人などを内輪のコネで探し、有期限契約することもあるそうです。「従業員の子どもが、夏の間の学生アルバイトで働いてくれたり。それも難しい場合は、派遣会社経由の有期限契約で雇います。が、それは最終手段で、なるべく避けたいところ。職種や派遣会社によりますが、**派遣会社を通すと、同じポストの人件費が月給換算で3割増しになることもありますから**[*63]」

フランスでは有期限契約や派遣社員の雇用の際、契約期限の終了後、企業側が再び別の業務を提案せねばならないルールがあります。それを望まない・できない企業が契約終了を告げる際には、「不安定雇用手当」を支払う規定もセットです。手当額は、雇用期間に支払った給与総額の1割。*64 人手不足からフランスでも派遣雇用が増加傾向にありますが、それでも少数派に留まっているのは、無期限雇用と比較した場合の企業側の負担の大きさが要因にあります。**雇用のスタンダードはあくまで無期限契約で、派遣を含む有期限契約はその不安定さを考慮されるべき、との社会的な意思が、制度面に強く現れています。**

「フランスでは、派遣雇用の人を犠牲者的に見る目は、あまりありません。なぜかって？　無期限雇用で働く生活を何年も続けることを望まない、できない人もいるのです。ある人にとっては、期限付きの契約を数ヶ月ごとに繰り返すほうがやりやすいのですよ」

たくさんの人々の多様な働き方を見てきたであろうグージョン部長の声には、説得力がありました。

フランスの全職域の中、派遣や有期限の契約が比較的多いのが、製造業と建造業です。業務遂行のために毎日必須の作業人員数が決まっていて、変えにくい。その上で労働法を遵守するためには、ある程度流動的な雇用が必要な職域がこの二つなのだと考えられます。*65・図表10

図表10 フランスの労働契約種別雇用者数(2021年)

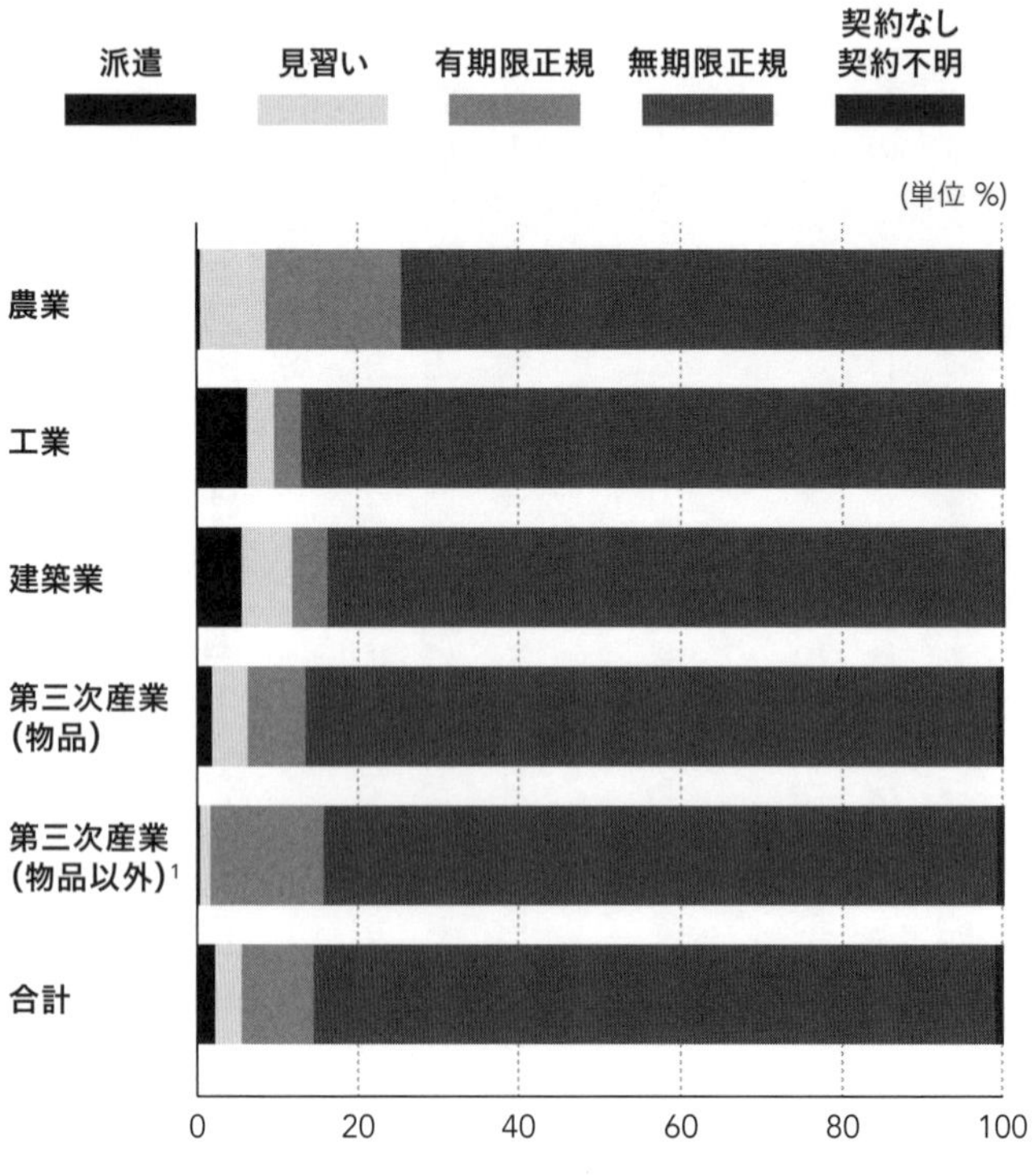

1. 行政、教育、健康福祉関係
調査対象：マイヨット以外のフランス、15 歳以上の労働者
出典：フランス国立統計経済研究所　2021 年労働調査

働き方の多様性を語る流れで、グージョン部長は年次休暇にも触れました。

「年次休暇も同じで、取得したくない人もいるんです。『長い休みを取るより思うままに働くのが良い』という経営者や自営業者は多いですが、それ以外にも、**出勤することを自らの尊厳上、とても大切に考えている人もいます。**たとえば私も身体障害を持つ部下に『バカンスは要らない、働けることが嬉しいから会社に来ていたい』と言われたことがあります。**その部下にとっては、通勤が社会からの承認の印なんです。**ですが休みを取らないのは絶対にダメ、働く上ではあなたにも誰にでも必要だからと説得して、年次休暇を取らせました」

その理由は「生産性とウェルビーイング」と、グージョン部長は断言します。ウェルビーイングとは、その人の心身・環境ともに良好な状態にあることを意味し、「幸福」や「安寧」とも訳される概念です。

「**労働者は機械ではなく人間**なので、ウェルビーイングが重要です。休みを取らない従業員は集中力が落ち、作業の正確性を欠いてしまいます。**部署の生産性を落とさないために、有期限雇用の人件費を見越して計算し、採算を取るのが上の人間のタス**

ク。そのバランス感覚は、重要なマネジメント能力の一つです」

労働生産性における従業員のウェルビーイングと年次休暇の効用は、フランスだけではなく、ヨーロッパ諸国やアメリカのビジネス界でも認められています。ネットで閲覧できる関連リンクを出典ページにいくつか記載しますので、ご参照ください。*66

「しっかり休ませ、効率良く働いてもらう」は、フランスではもはや人材管理の常識。それは第2章の従業員側の証言からも、十分感じられます。

休暇のマネジメント能力を重視し、それが十分に発揮されるよう、プロディア社では各部署の管理職に大きな裁量を与えています。これは創業社長ラフェイ氏と彼の相棒である副社長が重要視している理念だそうです。

「現代社会でのビジネスでは、反応の良さが必須です。各部署が適正かつ迅速に対応できるよう、管理職には責任を移譲しています。反応良く動ける人材を管理職に採用し、その人物が決定しやすい体制を作る。そして管理職の意思決定で判断基準となるビジョンを明確に定める。それが、経営者としての私の仕事です」

ビジョンと人と体制を揃え、ルーティンができていればビジネスは回るとラフェイ社長は言います。それで順調な間は、部下に任せれば良い。支障が出た時こそが、経営者の出番だと。

「利害の衝突や係争、仕入れと納品の停滞など、部下達のなすべき仕事ができない、前に進めない状況はいくらでも起こります。私の役目はそれらのトラブルシューティング。ソリューションを見つけ、難題を捌いて、次への道を開くことです」

畜産業・水産業とその産物の流通は、自然現象や社会問題、国際政治の影響を受け、刻一刻と状況が変わります。ラフェイ社長は副社長とともに日夜それらの情報を収集してビジネスの先を見据え、進んでいくための障壁を取り除き続けねばなりません。そんなタフな経営者のミッションに集中するためには、事業のルーティンを円滑に機能させられる管理職と、彼らの指示で働く従業員の良い状態・関係が不可欠。そしてその状態・関係維持の方策の一環に、休暇のマネジメントが連なっています。**経営者が迅速に的確に自らの仕事をこなすためにも、必要なもの**なのです。

社員達には年次休暇5週間の取得を遵守させ、2ヶ月のまとめ取得という柔軟な仕組みも設けているラフェイ社長。7月には全社員に350ユーロ（約5万円）のバカンス・ボーナスも支給して奨励しています。ですが自分自身の休暇はここ数年年間1週間ほどで、休みの間は出社はしませんが、ニュース・メールのチェックや電話対応も欠かしません。

「私達経営者は労働法上『社会的受任者 Mandataire social』という職位にあり、労働時間も休暇も定められていません。心身を自己管理しながら、必要なだけ働くことが求められる立場です。私は経営が心底面白いし、情熱を持って楽しんでやっているので、35時間労働制も年5週間の休暇も必要ない。**でも従業員達はそうではないと分かっています。そうして私と違う待遇や働き方を良しとする人々のおかげで、私はビジネスができる。**私が仕事を取ってきても、それを製造する工場に誰もいなければ、話になりませんから！　私と社員は、同じ船を進めるために役割分担をしている、船長と船員だと思っています」

そんなラフェイさんが従業員に対して心がけているのは、激務の中でもできる限り順番に工場をめぐり、定期的に顔を見せること。トップの顔が心に刻まれているかどうかは、特に工場で単純作業を担う人々では、仕事への姿勢を左右するのです。また管理職は下の職位から育て、ヘッドハンティングはしない方針も。責任を託せられると思えるだけ人を知るのには時間がかかるからと、その理由を説明します。

「こういう方法をどう学んだかって？　経験からです。私は15歳で働き始め、7千人規模の企業に勤めたこともあります。98年に社員5人から創業して、今も事業を拡大しながら、ずっと学び続けていますよ。どんなビジネススクールでも、私が学んできた他者へのリスペクトは、教えてもらえないでしょうね」

企業規模が大きくなっても、中小企業のように経営を考えるのが大切。インタビューの最後を、ラフェイ社長はそう締めくくりました。

実はこの章を書くにあたり、フランスの経営者や上位管理職を多く輩出する名門ビジネススクールのいくつかに取材打診をしました。年次休暇を含む労働法の遵守や人材管理の思想とスキルをどう教えているか。是非聞かせてほしいと依頼書を送ったものの、どこからも色良い返事はないままでした。このような取材を受けないのか、そのようなカリキュラムがないのか……それを測りかねる中、ラフェイさんの言葉は強く心に響きました。

休暇をマネジメントするポイント

■労働者は機械ではなく人間と心得る
■バカンスは従業員の生産性の維持・向上に寄与すると知る
■経営者・管理職・従業員の職務や働き方の違いを認識する
■自分と同じ働き方をしない人々を尊重し、働き方と休み方を整える

ケース4 休暇取得の必要性を社会全体で理解する：保育園運営団体理事長、総合病院人事部管理職

前章では、フランスの法定年次休暇が職種・業種にかかわらず義務として消化されていると、データを用いて確認しました。そこには福祉や医療、報道メディアなど、日本で「休めない・休みにくい」とされる職種も含まれています。

仕事の内容は似ているはずなのに、日仏の違いはどこから来ているのでしょう。こ

こからは、日本で長期休暇を取りにくいと思われている職業を見ていきます。

最初に取り上げるのは保育職です。日本の全国保育協議会が2021年に行った調査によると、保育園の正規職員の年次休暇取得日数で最も多いのは「年間5～9日」。[*67] なかでも民営は公営より取得日数が多いとのデータがありますが、それでも日本の全職域平均の日数ほどで、やはり、比較的休暇の取得しにくい職種であると言えます。

一方のフランスでは、保育士を含む医療・福祉職の平均年次休暇取得日数は「年間36日」と、法定年次休暇の30日を上回っています。[*68] その背景として理解しておきたいのは、フランスの保育園はすべて県当局の認可施設であり、保育士の大半が無期限雇用、つまり35時間労働制と5週間の年次休暇取得義務を前提とした契約で働いていること。保育業界では数種類の労働協約が用いられていて、法定の年次休暇に加え、年間8日間の特別休暇を付与している協約もあります。

この業界での休暇のマネジメントについてお話を聞かせてくれたのは、フランス国内で800あまりの保育関連施設の運営に携わる非営利団体・ACEPPの代表フィリップ・デュピュイさん。「年次休暇を取得させることは、雇用者の法的義務です」と、他のケースと同じ前置きからインタビューは始まりました。

「**労働法や労働協約を遵守するために、フランスの多くの保育園は夏と年末に一斉休園を行っています。**うちの団体関連の施設では8月に3週間・年末年始に1週間を休園し、この4週間は勤務する保育士全員が同時に年休を取得するケースが多いです。残りの1週間は保育士の希望で取れるもの。保育園は労働協約で最大年間4週間まで、雇用主が時期を指定して長期休暇の取得を強制することができます」

保育園年齢の乳幼児と暮らす親達は、通園先の一斉休園期間に自らの年次休暇を取得します。我が家でも子ども達が保育園に通っていた2年間、サラリーマンの夫はそうしてバカンスを取っていました。休園期間に親に代わって子どもを見てくれる祖父母に恵まれるケースも見られますが、働く親達の多くは半ば強制的に、休園期間に年次休暇を合わせざるを得ません。

「親達の休暇の調整のために、保育園の夏の休園期間は前年の9月から遅くても11月までに決定します。これに対して、親達からは特に苦情は来ませんね。**保育士達も休**

む必要がある、そのためには仕方がないと、乳幼児の親を雇う雇用主も含め、社会的に理解されています」

休暇取得を含め、医療福祉職のウェルビーイングに配慮した人員管理を怠ることは、その職務上でケアすべき対象の人々を『危険に晒す行為 Mise en danger de la personne』に繋がるという認識が、フランス社会にはあります。この「危険に晒す行為」は刑法でも定められていて、雇用主には労働法に加え、この点での違反もあり得るのです。*69

「保育士の長期休暇は労働問題だけではなく、保育の質の面でも、非常に重要」と、デュピュイさんは強調します。

またフランスでは団体保育の他、自宅で最大4人まで子どもを保育する保育アシスタント（日本の保育ママに相当）が広く利用されています。この保育アシスタントは親達と直接雇用契約を結び、やはり労働者として、5週間の年次休暇権があります。保育所と同じように保育者側が時期を指定して、親達はそれに合わせて休暇と仕事を段取りします。

保育者・保育園の休暇に従って、働く親達の休暇が決まっていく。この習慣が「必要なこと」として、フランスでは全社会的に認識されている。そのおかげで、保育士達もしかと年次休暇を取得できるのですね。

この仕組みの背景にはもう一つ、フランスと日本の社会制度の大きな違いがあります。それは保育園への通園期間の長さです。日本の保育園は0歳から小学校で義務教育が始まるまで、最長で6年間通います。一方フランスでは満3歳の保育学校（幼稚園に相当、放課後学童保育もあり）から義務教育が始まるため、保育園に通うのは0歳から満3歳まで。最長でも3年間弱と、日本の半分の長さです。

そんなフランスの保育業界にも、一斉休園を行わずに通年で運営し続けるところはあります。主に公営公設の保育園で、ホテル・レストランや観光関係など、夏に繁忙期がある職に就く親や、シングル親の子ども達を受け入れています。

「観光地では、ハイシーズンの季節労働者向けの保育園や、夏の間に保育士を増員する園が見られます。フランス社会全体で見れば例外的ですが、保育手段がなければ乳幼児の親達が働けないのは、どの職種でも同じです。**保育問題は雇用問題に直結して**

いますから」

そしていずれの保育園でも、休暇のための人材マネジメントはデリケートなお題。一斉休園以外の休暇は保育士達の希望に基づき決めますが、自分自身に子がいる保育士達の間では、どうしても学校休みに取得希望が集中します。

「親としての生活には制約が多いという社会的な暗黙の了解から、子どものいない独身保育士の希望は後回しになってしまいますね。また従業員全員の取得義務を果たすため、外部の派遣会社に頼ることも少なくありません。ここ2、3年はコロナ禍で人手不足が進み、その傾向はより強くなっています」

それでも保育士達を休ませない選択肢はあり得ないと、デュピュイさんは断言します。**法的な義務以外にも、バーンアウト（燃え尽き症候群）対策、そして働き手の確保の面からも不可欠**で、「休ませないと考えることすら問題外」と。

「**バカンスで心身の疲労を回復し、英気を養うのは、働く人すべてに必要です。**それに福祉業界の人材不足を改善するには、この職に就きたいと思ってもらえる仕事にしていかねばなりません。待遇の改善、勤務時間の質の向上、この職に対する社会的な評価をさらに高めること……業界全体で、ソリューションを模索しています」

改善策が見つからなければ受け入れ児童枠を減らすしかなく、その現象はすでに始まっています。保育手段のない親達は職を失い、雇用主は働き手を失い、国の経済は失速する。**保育士の休暇のマネジメントは労働者個人の範疇を越え、経済問題に直結しているのです。**

ここで同じ医療福祉業界の看護職についても、コンパクトにお伝えしましょう。

人手不足が懸念される医療福祉業界の中でも、コロナ禍の激務の後に別業種に転職する人々が後を断たず、多くの病院が人材マネジメントに腐心しています。そんな中、フランスの病院で広がりつつあるシステムが「プール」。必要に応じて異なる診療科を回る、多職能の看護職員達の院内派遣部署で、第2章でも登場しました（第2章P130）。いわば病院内に設置された「自前の看護職員派遣サービス」とも言えますね。年次休暇だけではなく、研修、病欠や家族事情の欠勤などの補充にも活用されています。

プール科を強化しているとある総合病院で、国家資格を要する看護師・看護助手・

保育助手の人事調整を担う管理職のAさんは、このシステムを「みんなに快適なシステム」と表現します。

「病院では、看護職員の配置基準を保障せねば回らない科ばかり。原則的にはプール科なしでも回る数の人員を常勤で確保しますが、万一欠勤が重なった際、『じゃあ今日は入院患者を一人減らします』とはできません。外部の派遣会社はコストが高く、派遣される人材の質も未知数。**社内にプール科を持ち、体制を維持する余力を持たせるのは、病院経営の投資的な判断です**」

Aさんのプール科所属は合計40人。3班体制で、看護職員を各科に補充しています。所属の看護師は勤務歴4～5年以上の中堅からベテランが主で、事前に4日間～5週間の研修を受けた科のみに派遣されます。派遣先の科には数週間は連続で配置し、その科の専門知識・技術を看護職員自身に定着させるとともに、常勤スタッフとの信頼関係を構築できるようにしています。

プール科の派遣プランニングはおよそ2週間単位で動かしますが、最終的に配置が決まるのは前日。職員達はシフトと出勤状況を管理する専用アプリをスマホにインストールしており、毎日17時以降に、翌日の勤務科を確認します。シフトを入れたものの派遣先がない場合は研修日として用いるそう。そのシフト作りはまさに刺繍のように、細やかな作業です。そしてもちろんプール科の職員達にも、年次休暇の権利はあります。

「プール科勤めの看護師には順応性と柔軟性、反応力が求められます。その分スキルの拡張ができ、多様な経験を積める点が特徴です。ダイナミックに働きたい、向上心のある人達に人気ですね」

実は看護業界でも、外部の派遣会社を介した有期限雇用が増えています。Ａさんの知る範囲では、より良い給与を求める看護師や、国家資格を取得したばかりですぐに固定職に就きたくない若い人々が、派遣会社に登録する例が多いとのこと。供給が増える一方、病院側にとって外部の派遣会社は１００％信頼できるリソースとも言えないのが現状です。

「問題の一つは、派遣登録の際に勤続年数の制限がないこと。病院側は即戦力を求めているのに、実地経験が少なく知識・能力も十分ではない、国家資格を取ったばかりの人が派遣されてしまう。私の病院でもまさにそれが起こり、能力不足で契約破棄になりました」

この章を執筆している2022年秋現在、フランス国民議会（日本の衆議院国会に相当）では、国家資格を取得したばかりの看護職員に派遣契約を禁止する法案が審議されています。国家資格取得後、最短でも2年間の実務経験を求める方針とのこと。*70 **配置基準や労働法の法令遵守のためとはいえ、医療職は頭数だけ揃えば良いというものではない。**専門知識と経験を必要とする医療職の特性が、社会的に認識されている一例と言えるでしょう。

休暇をマネジメントするポイント

- ■医療福祉人材の休暇取得はケアの安全問題に直結すると、社会全体で理解する
- ■労働者の休暇取得を幅広な経済問題として捉えて考える
- ■外部の派遣会社だけに安易に頼らない体制を組織内部に作る

ケース5 ワーカホリックを管理職に就けない：地方新聞元編集長

日本の新聞業界では「夜討ち朝駆け」の言葉が象徴するように、取材のための不規則・長時間労働が長年の慣例となっています。企業の口コミ情報を集めた情報サイトなどを見ると、「働き方改革でだいぶ休めるようになった」のコメントとともに、「制度はあるが実際は使えない」という嘆きもまだまだ並んでいます。[*71]

フランスでも各種メディアの不規則な働き方は共通し、労働協約では夜間勤務を前提とした条項もあります。それでも原則的な労働時間は週39時間と定められ、年次休暇は法定の30日、「雇用主に取らせる義務」も健在です。加えて、業界の特性に合わせた不定期雇用制度やそこでの年次休暇の代替手当など、日本との興味深い違いがあります。私自身メディア業界で働く人間でもあり、是非本書でもご紹介したく取材しました。

一言でメディアと言っても新聞社、テレビ・ラジオ局、雑誌社、通信社、近年ではネットメディアと媒体は多種多様で、配信・刊行の頻度も日刊、週刊、隔週刊、月刊、季刊とさまざま、通信社などは24時間稼働です。勤務時間帯や部局の規模、人員数も異なり、一般化の難しい職種と言えます。それでも労働法と労働協約は遵守せねばなりません。

面白いのは、これほど多様なメディア界でも、フランスで雇用される全ジャーナリストの契約では、一つの労働協約が使われていること。*72 媒体はさまざまながら「メディア人」として団結し、労働の権利を守っている様子が象徴されています。

フランスのメディア人の働き方について今回お話を聞いたのは、この国の五大代表的労組の一つ、CFDTのジャーナリスト組織のローラン・ヴィレット事務局長。90年代から約30年間、活字系のジャーナリストとして働き、昨年まで大手メディアグループ傘下の地方紙で編集長を務めた方です。現場を駆けた記者として、管理職として、そして業界の働き方を俯瞰・改善する団体の一員として、複数の視座を持っています。

「ジャーナリストは担当の記事やコーナー、番組単位で業務を割り振り、労務管理をします。担当分の仕事をこなしていれば、実労働時間数は厳密に問われないのが特徴ですね。そもそも調査や取材でオフィスを不在にすることが多いですし、『仕事のできるジャーナリストはオフィスにいない』なんて通説もあります。月給制のサラリーマン雇用の他に、担当記事や番組の制作分量に従って給与を受け取る、業界特有の雇用契約『ピジスト』も制度化されています」

この「ピジスト」はいわゆるフリーランス的な働き方で、2022年の業界調査によると、ジャーナリスト全体の約26％。[*73] 活字媒体のライターの他、テレビなど映像媒体向け、ラジオなどの音声媒体向けのコンテンツ制作業者が含まれます。業務が案件ごとに設定され、明確に作業時間・期間を定める契約が成立しにくいので、結果的に「無期限雇用契約扱いで、給与支払いを受けるべし」とされているのです。**雇用とは無期限契約がデフォルト、有期限雇用は例外であるべし、**とのフランス社会の通念がここでも見えます。

このピジスト契約でも**月ごとの給与明細が契約先企業から出ますし、企業にはその給与額に即した税負担・社会保障負担もあります。**ピジスト契約の多い企業では、１

年間の最低受注記事数や受注金額を定め、それ以上の発注のある書き手には、最低給与保障や待遇での契約を締結するところもあるそうです。[*74]

また年次休暇に関しては日数での付与ではなく、それに相当する手当が設定されています。「前年6月1日〜当年5月31日」の1年間に受け取った給与額の十分の一が、当年6月中に支払われるのが原則。この支給額を分割し、毎月の給与と同時に支払う慣習も多く見られます。[*75]

有給休暇とは、働かない期間にも得られる収入を保障すること。不定期雇用の人材にもバカンスの権利を保障するには、こんな方法があるのですね。なるほど目から鱗……！　第1章の歴史的経緯で見た、「すべての労働者をまとまった期間、休ませる」という制度創設時の理念も思い起こさせます。**不定期雇用であっても、労働者であれば、バカンスは取得して然るべき**なのです。

ちなみにピジストは、ジャーナリストの労働協約で定められている無期限契約の待遇の一つ「年末の1ヶ月分ボーナス（通称13ヶ月目、Le 13ème mois）」や、勤続年数が長くなるごとに上がる勤続手当（L'ancienneté）の権利もあり、雇い主には、それらの手当を給与明細に別途記載し、支払う義務が課されています。[*76]　一方、ピジスト側に労働法の知識が薄いと、これらのボーナスや手当の分割支払いを含めることで、本来の給与が低く設定されていることに気がつかないこともあり、労働組合は注意を促しています。

ヴィレットさんによると、メディア媒体によって労働環境に違いが出るポイントは、人員の数だといいます。

「通信社や大手のテレビ局、日刊紙は、一つの部署に多くの人材を確保してシフトを回しています。配信・刊行頻度のより少ない媒体では人員を絞って、一人のジャーナリストがより多くの地域や分野をカバーする。どちらもジャーナリズムですが、機能性や働き方は大きく異なります」

それでも、人材マネジメントについては共通する難題があるそうです。

「編集長や部長、つまり部署の管理職には、ジャーナリストとして優秀な実績を積み上げた人が就くことが多い。ですが現場で優秀なジャーナリストというのは、仕事に集中する分、多くがワーカホリック（仕事中毒）気味なんです。ワーカホリックが管理職になって、家庭の事情や仕事へのスタンスも多様な部下の、働き方のマネジメントができるでしょうか？　**自分と異なる仕事観や働き方を尊重できれば良いですが、そうでない場合は最悪です。そんな管理職は部下を疲弊させ、自分自身の首も絞める。**管理職にはあまり優秀ではない記者のほうが向いている、と考える人々もいますよ。マネジメントというのは、ジャーナリズムとは別のスキルですからね」

現場を知り、かつ部下を働かせすぎずにチームを作れるマネジメント能力を備えている人材は、成り行き任せでは育ちません。現在ではその認識が広がり、**ジャーナリストが管理職になる際には、適正な人材活用のマネジメントを学ぶ研修を義務付ける**ところが増えています。

そして管理職になったらなったで、部下に休暇を取らせるのがまた、一筋縄ではいきません。

「この仕事はもともと、調べたり書いたり作ったりに情熱を燃やす人が就くもの。その分ワーカホリックになりやすいんです。私の部署にも「ノーライフ」と呼ばれるほど仕事に執心する部下がいましたが、彼がいる時はなかなか大変でした。**休めない人**

が一人いると、チーム全体をかき乱してしまうので」

自主的にそこまで働きたがる人がいるのは、管理職にはありがたい存在のように思えます。が、それは違うとヴィレットさんは断言します。

「人間は疲れると認知能力が落ちます。そして**ジャーナリズムにおいては、認知能力の低下は深刻な問題です。**また仕事でもなんでも、中毒的な依存がある状態の人間の心身は脆くなる。そのまま放置すればいつか必ずバーンアウトが起こりますし、**一度壊れた心身は、回復にとても時間がかかるんです**」

そんなリスクの高い働かせ方は、管理職として許容してはならない。定年まで長い年月を働き続ける現代社会では、なおさら。口調を強めたのち、ヴィレットさんは対策をこう語りました。

「業務を二人担当制で配分するなど工夫しながら、部下には、人間は休みを取る必要があると教える。と同時に、ジャーナリズムは仕事と休暇の境目がない職業であると話します。休暇中に見聞きしたもの、体験したこと、すべてが仕事の糧になる。これは頭脳労働者の宿命で、建築家や芸術家も共通しますね。特にジャーナリズムは同時代の生活の証言者ですから、自分自身の生活すべてが手がかりになり得ます。**心身を**

休ませている時間も、私達の職には決して無駄にはならないんです」

だから堂々と休んで、メディア人としての見聞を広げて来てほしい――そうして管理職と部下で、自分達の仕事の特徴と休暇の意味を話し合う時間を持つ。ジャーナリズムに限らず、効果的に働き休むためには、不可欠のことに思えます。

日本のみなさんの職場では、このような会話が、管理職と部下の間で交わされていますでしょうか。

情熱を持ってできる好きな仕事だからこそ、中毒的に依存するリスクを意識し、休みの意味を考えることが重要。一度壊れた心身は、回復にとても時間がかかるから。

ヴィレットさんの指摘は、日本でも社会問題化している長時間労働ややりがい搾取に、強く警鐘を鳴らしています。

休暇をマネジメントするポイント

■不定期雇用の労働者には手当金でバカンスの権利を保障する
■働き方の多様性を尊重できないワーカホリックは管理職に採用しない
■現場で優秀な実績を残した人物を管理職に登用する際は、必ず人材マネジメント研修を受けさせる

ケース6 フランスで（ほぼ）唯一の休めない職業に寄り添う：独立自営農業、農業代替要員派遣団体

次は、農業従事者の方々の働き方と休み方を見ていきましょう。本書の企画を立て始めた当初から、必ず取り扱いたい、見て伝えるべき職業だと念じてきました。それはこの職業の働き方・休み方が、年次休暇の点でもそれ以外の面でも、他の職業と大きく異なっているからです。

図表11　フランスの雇用状況（2020年12月31日）

	雇用総数	サラリーマン雇用	非サラリーマン雇用
農業	623	260	364
工業	3,286	3,130	156
建築業	1,870	1,506	364
第三次産業（物品）	13,860	12,254	1,605
第三次産業（物品以外）[1]	8,931	8,380	551
合計	**28,570**	**25,531**	**3,039**

（単位：千人）

1. 行政、教育、健康福祉関係
注：暫定データ
表の読み方：2020年12月31日時点でフランスの農業部門の雇用総数は62万3千人である
調査対象：マイヨット以外のフランス、15歳以上の労働者
出典：フランス統計経済研究所、労働概算

フランスは食料自給率131％（2019年）[*77]を誇る農業国である一方、農業従事者の数は年々減少し続け、特に独立自営農家ではその傾向が強く出ています。またフランスの産業の中で、サラリーマンよりも自営業者のほうが多い稀有な業界でもあります。[*78・図表11]

1982年には就労者の約7％を占めていた独立自営農家は、2019年には1.5％に。約7割が事業主以外の従業員のいない個人農家で、家族の協力を得ている人は5％のみ、事業主の大多数（4分の3）は男性です。[*79] そして第2章の冒頭（P80）でも見てきたように、

これら独立自営農家の方々は、休暇取得日数が際立って少ない。多くの自営業者が年間30日前後の休暇を取るバカンス大国フランスで、農業分野の方々のそれは、年間平均12日間しかないのです。

これだけ長期休暇の必要性が幅広く理解されているフランスで、なぜ自営農家だけが休めないのか。当事者の方と、その方々の休暇を支援する団体に取材しました。

「休みが取りにくいことは確かに、畜産系の自営農家の制約ですね。それでもこの仕事が好きだから、受け入れているところはあります」

フランス西部で有機農法認定の肉牛肥育を営むベルナール・ノーレさんはそう言います。1988年から肥育と飼料用の野菜栽培に従事し、現在は全188ヘクタールの農地のうち126ヘクタールで約40頭の子牛の飼育を、62ヘクタールでとうもろこしやひまわり、麦、豆類の栽培を行っています。年間の労働時間は約1600時間。1000時間は農地での作業で、200時間は肉牛販売関係の協同組合での仕事、400時間は周辺の30ほどの自営農家と運営する、農業機器を共同購入・使用する協同組合の仕事に、組合長として従事しています。

1日の労働は朝6時から始まり、途中昼休みを挟んで、18時〜19時までが平均的なスケジュール。午前中は動物の世話、午後は農園の管理や器具の手入れ、協同組合の活動に使います。ご結婚されていて、配偶者はフルタイム勤務・無期限契約の学校教員です。

「うちのように夫が自営農家、妻がサラリーマンという家は多いです。特に若い世代はそうですね。共働きで一人に農業以外の定期収入があるほうが、家計はやはり安定しますから。ただ飼育農家は毎日家畜の世話があるので、サラリーマンと同じように休暇が取れない。うちはなるべく休みを合わせて取ってきましたが、農家の夫がバカンスに出る妻子と離れて過ごしたり、家族みんなで一緒にいるために自宅で過ごすというケースも聞きます」

ノーレさんのここ数年の休暇日数は年間およそ10日間。協同組合や隣人の相互扶助で動物達を見てもらえるには、現状ではそれが最大だそうです。

「妻も農家の生まれなので、この仕事の制約は理解してくれています。スマホで制御できる自動散水機を導入したので、短期間の不在はしやすくなりました。それでも出られるのは、3日間ほどですけれどね」

最新型のトラクターや自動搾乳機など、農作業を現代化するマシンは積極的に取り入れているそう。高価なものは協同組合で共同購入し、シェアしています。

実はノーレさんも数年前までは、年5週間の休暇を取ることができていました。別の自営農家と共同経営者になり、飼料用の栽培を任せていたのです。

「仕事量や作業時間には今よりずっと余裕がありましたし、不在時はお互いにカバーし合うことで休暇を取れた。3人いる子ども達が小さかった頃は、今より多くの時間が家族に必要だったので、良い形でした」

残念ながら共同経営者とはその後別離に至ってしまいましたが、定年を3年後に控えた今、新たに事業のパートナーを探す気にはなれないと言います。

「体力的には大変ですが、自分のペースでこなせますし、あと数年のことですからね。それに今は、農業全体で先が見えない状況です。トラクター用の燃料は高騰が続き、肥料の価格は2~3倍になったものもあります。動物を育てる仕事は労働時間がどうしても長くなりますし、このままでは畜産農家は、減っていく一方でしょう」

フランスの独立自営農家の減少には、いくつかの要因があります。

一つは相続問題。フランスの農地面積は、過去70年で約20％減少しました。[*80] 独立自営農家の相続人が農業を廃業・事業縮小する、もしくは土地を売却することで、じわじわと減っているのです。特にブルゴーニュなど高級ワインの生産地では地価が年々上がり続け、後継者が相続に必要な資金を持たず、土地を売るケースが多発しています。しかも買い手には外国資本の投資会社が名を連ねていることもあり、２０２２年秋のフランス国会では、右派主導で農業後継者の相続税負担を軽減する修正法案が審議されています。[*81]

もう一つの要因は労働観の変化です。フランスでは生産者直売の朝市やアグリツーリズム（農場や農村に滞在したり自然に触れる活動をするレジャーのスタイル）が盛んで、農業が国の基幹産業であると国民に認められてはいるものの、サラリーマンより時間的・精神的なコミットメントを多く求められる働き方は、若い世代の価値観に合致しなくなっています。

農業に特化した代替要員派遣団体「セルヴィス・ド・ランプラスモン（Service de Remplacement、代替サービスの意味）」のフランク・ロール理事長は、その変化を目の当たりにしている一人です。

「ここ10年は特に、その価値観の変化を強く感じます。農業に従事する若者達は、他のセクターと同じ労働条件を求めている。農業を愛しながらも、自分の時間を持つことを重要視しています」

1972年の創設以来、独立農家の不在の必要に寄り添ってきたこの団体では、会員の声や派遣要請の内容から、その変遷を如実に感じていると言います。

ここでこの「セルヴィス・ド・ランプラスモン」の仕組みと運営について、ご説明しておきましょう。

この団体は一言で言うと、農業専門・非営利の労働者派遣事業者です。「自営農家を、サラリーマン農家がバックアップする」がコンセプト。創設後すぐにその公益性が認められ、国の支援を得て全国展開が進められました。現在はフランス全土に320の支局と約7万5千人の会員を持ち、年会費（一人50ユーロ）と公的支援を財源に、約2300人の農業代替要員を無期限正社員として雇用しています。有期限契約を含めると約1万5千人の人材を擁し、年間約500万時間の代替サービスを提供しています。

代替要員は1日~数ヶ月単位での要請が可能で、通常は派遣開始日の30日前までの予約が必要です。が、忌引や病欠など突発的な事情の場合は、最大限柔軟に対応することにしているそう。原則的には車で20~30キロほどの通勤可能範囲内でマッチングしますが、特殊技能がいる業務、島嶼部からの要請では、泊まり込みでの派遣になることも。

代替要員の派遣には年会費とは別途、人件費の支払いが必要です。作業内容にもよりますが、2週間のバカンスに出る場合、おおよその目安は2100ユーロ（約30万円）。2006年からは国の支援が強化され、この団体を利用した派遣要員への人件費の半額が、翌年の所得税控除の対象になりました。前述の2100ユーロが、実質的には1050ユーロの負担に下がるわけです。税控除にあたり、派遣要請の理由は問われません。

「この税控除支援によって、サービスの認知度が一気に上がりました」とロール理事長。税控除のための国からの支援総額は年間およそ2000万ユーロ（約28億円）だそうです。

会員で最も多いのは畜産農家で、なかでも酪農には、会員の53%が従事しています。利用目的のトップは死亡・疾病（38%）。バカンス取得はそれに次ぐ第2位（31%）で、前述の所得税控除の影響もあり、ここ10～15年で増えました。3位は出産休業（20%）、4位は父親の育児休業（6%）が続きます。*82

「自営農家の方が代替要員を必要とするのは、心理的に難しい場面が多いです。団体で無期限雇用をしている職員には、**農業のスキルや知識、自律性だけではなく、派遣先の状況に柔軟に適応し、人と人の繋がりに責任を持つよう教育しています**」

団体の広報資料では、**農業代替業務を「意義ある仕事」と表現しています。**理由が「バカンスのため」という一見楽しげな要請でも、手塩にかけた自分の動物達や農園を他者に任せていくのは、農家の方には簡単なことではありません。

「**農業は、天候や動物・作物を最優先にして、自然に寄り添う仕事です。そしてその仕事をする人々の生活にも、寄り添う存在が必要。**その思いから、私達の団体は非営利活動であることを最重視しています」

かくいうロール理事長は、求職活動の成り行きからこの団体に出会うまで、農業には縁のない生活だったそうです。経営マネジメントを学んだのちにここに就職、以来20年間、人間性豊かなこの団体の任務に共感し、「寄り添う人に、寄り添う」ミッションを続けています。

休暇をマネジメントするポイント

- 農業も共同経営でタスクと労働時間を半減し、休暇をカバーしあう
- 時代による価値観の変化を否定しない
- 農業の「休めなさ」を理解し、非営利で支援の仕組みを作る

現実のごくごく一部ではありますが、休暇をマネジメントする雇用主・管理職の実例を6つご紹介しました。彼らが長期休暇の意義を言語化して認識し、経営義務の一つとして合理的に取り組んでいるさまと、その背後にある思考法が伝わったかと思います。

今回個別のケーススタディでは取り上げませんでしたが、とある商店経営の方が、**毎年のバカンスを「仕事を引退した後の生活の予行演習」**と表現していたのも印象的でした。

ここで登場しているのは、本書の趣旨を理解して話をしてくれた良心的・良識的な雇用主・管理職の方々です。年次休暇の運用を厭わしく考えている雇用主・管理職は、フランスでももちろんゼロではありません。と同時に、私はこの6つのケースの取材先探しにほとんど苦労せず、比較的容易に依頼先が見つかり、ほぼ即答で取材を受けていただけたことを言い添えておきます。

一方、この章で取材を打診しながら叶わなかったのは、前述のビジネススクール、中小企業経営者団体、そして派遣会社と派遣契約で働く人々です。お読みくださったように、年次休暇制度の運用が語られる際には派遣社員の存在が少なからず登場します。派遣する側の声を聴けなかったのは残念ですが（今後の宿題にします）、代わりに、フランス五大代表的労組の一つCGT（フランス労働総同盟）への取材で得たコメントをご紹介します。

「フランスではもはや、年次休暇に関する労使交渉はほとんど、いえ、全くと言って良いほど行われていません。ただ新型コロナ禍の期間限定で、労働者に不利な例外措置が取られたことはありました」（アンジェリン・バース書記）

「派遣契約の増加は、労働総同盟でも注視しています。今のところフランスではまだ『雇用は原則的に無期限契約で』の社会的理解が強いですが、だからこそ**派遣契約をする人々自身に、労働法が保障する権利の意識を持ってもらうのが重要です。**我々の組織でも、派遣労働者向けの情報発信を強化するプロジェクトがあります」（CGT社会歴史研究所ジェローム・ボービザージュ研究員）

次の第4章では、フランス社会におけるバカンスの効能を数字で見ていきます。雇用、経済効果など、公的機関発信の調査報告書には、興味深いデータがモリモリ。フランス市民のバカンスを支える、観光業界の人々についても次章でお伝えします。

本書も中盤、ここまで読み進めてくださりありがとうございます。美味しいコーヒーやお茶などで軽く一息ついて、さぁ行きましょう！

第4章

年休5週間が
社会に与える影響は？
データで見るバカンスの効能

制度を整え運用を工夫し、本気でバカンスに取り組んできたフランスの人々。歴史とケーススタディから、その一端を感じていただけたかと思います。

そのバカンスは、社会にどのような影響を与えているのでしょう。5週間の年次休暇とバカンス文化のもとで存在している、産業や経済、雇用の現象には、いかなるものがあるのでしょうか。この章ではそれらをデータとファクトで探ります。望ましい効能と合わせ、ポジティブではない面もチェックします。数字と事実の単調な羅列に終わらないよう、雑学的に楽しめる豆知識も盛り込みますね。ここは前の3章よりも図版を多めに、コンパクトに進めます。サクサク行きましょう！

バカンスの基幹産業は「ツーリズム」

長期休暇の過ごし方は人や世帯により多彩ですが、フランスで典型的なのは「自宅から出て過ごすこと」であると、これまでの章で述べてきました。それは各種の調査にも表れていて、たとえば2022年5月発表のアンケート調査では、**バカンス先を**

探す際の基準の1位は「日常から離れるために、自宅から遠い場所に行く」でした（回答者の53％、2位は37％で「安さ」）。＊83

年次休暇制度の普及にあたり、20世紀前半の政治家達もこの「自宅から遠い場所に行く」点に力を入れて支援していましたね。仕事を休んでも自宅にいると生業以外の労働をしてしまい、余暇を満喫できないから、との理由がありました。

そんなフランスにおいて**バカンスの影響は、「人の移動」と「移動先での滞在」をめぐって最も多く表れます。**その「人の移動」と「移動先での滞在」を主に商品化する産業が「ツーリズム（観光業）」。この国の5週間の年次休暇を満たし、かつそれに支えられる、バカンスの基幹産業です。

フランスの政府系機関の定義・解説によると、**ツーリズムは「自宅外での1年未満の滞在」を対象とし、中核は宿泊・外食業と交通です。**それを軸に、文化・スポーツ・エンタメ・アミューズメントパークなどのレジャー業、それらを用いた旅行日程を企画・手配する旅行業者が連なります。＊84 加えて民泊やセカンドハウスの運営管理を担う不動産業や、バカンス客が買い求める地元名産品の製造販売業、官民の地域振興業や土地開発業、広報・広告宣伝業など、多種多様な職域がバカンスの恩恵を受けて回っています。

関連する産業セクターが多い分、社会への影響も多面的で、広範になりますね。その点を念頭に置きつつ、本書では主に観光業のファクトとデータから俯瞰し、間接的な関連産業は補足的に見ていこうと思います。

観光業界にいらっしゃる読者の方々には既知の、基本のキ的な情報も含まれますが、あしからずご了承ください。

コロナ禍でも世界上位の観光国

ツーリズムはフランスにおいて、国の重要産業セクターとして認められています。観光業の国際団体・世界旅行ツーリズム協議会（WTTC）の各国資料によると、新型コロナ禍前の2019年、フランスにおける**観光関連産業寄与額の対GDP比は8・4%**。ちなみに全世界での同年・同指標は10・3%、日本のそれは7・3%でした。

[*85] フランス観光業の重要度は国内のみにとどまらず、各種世界統計でも、上位常連国の一角を占めています。日本の国土交通省が発表している「観光白書」の国際比較資料が日本語で分かりやすくまとまっているので、図表を引用しましょう。[*86]

まず観光業がもたらす収入をまとめた、国際観光収入ランキングから。最新資料は世界がパンデミックに見舞われ人の移動が激減した２０２０年のデータに基づいていますが、それでも**フランスはアメリカに次いで、世界２位の観光収入を記録しました。**[*87・図表12] 同じ年の観光支出ランキングでは世界４位に位置。[*88・図表13] **フランスは観光で得る収入だけではなく、支出する額も世界有数**という実態が表れています。また**外国からの旅行者受け入れは年間４千万人の世界第１位**で、２位のイタリアに１５００万人近く差をつけています。[*89・図表14]

２０２０年はコロナ禍前の２０１９年に比べ、世界中で観光収入と支出、外国からの旅行者受け入れ数が大幅に減り、前出の世界旅行ツーリズム協議会は、全世界の観

図表12　**国際観光収入ランキング（2020年）**

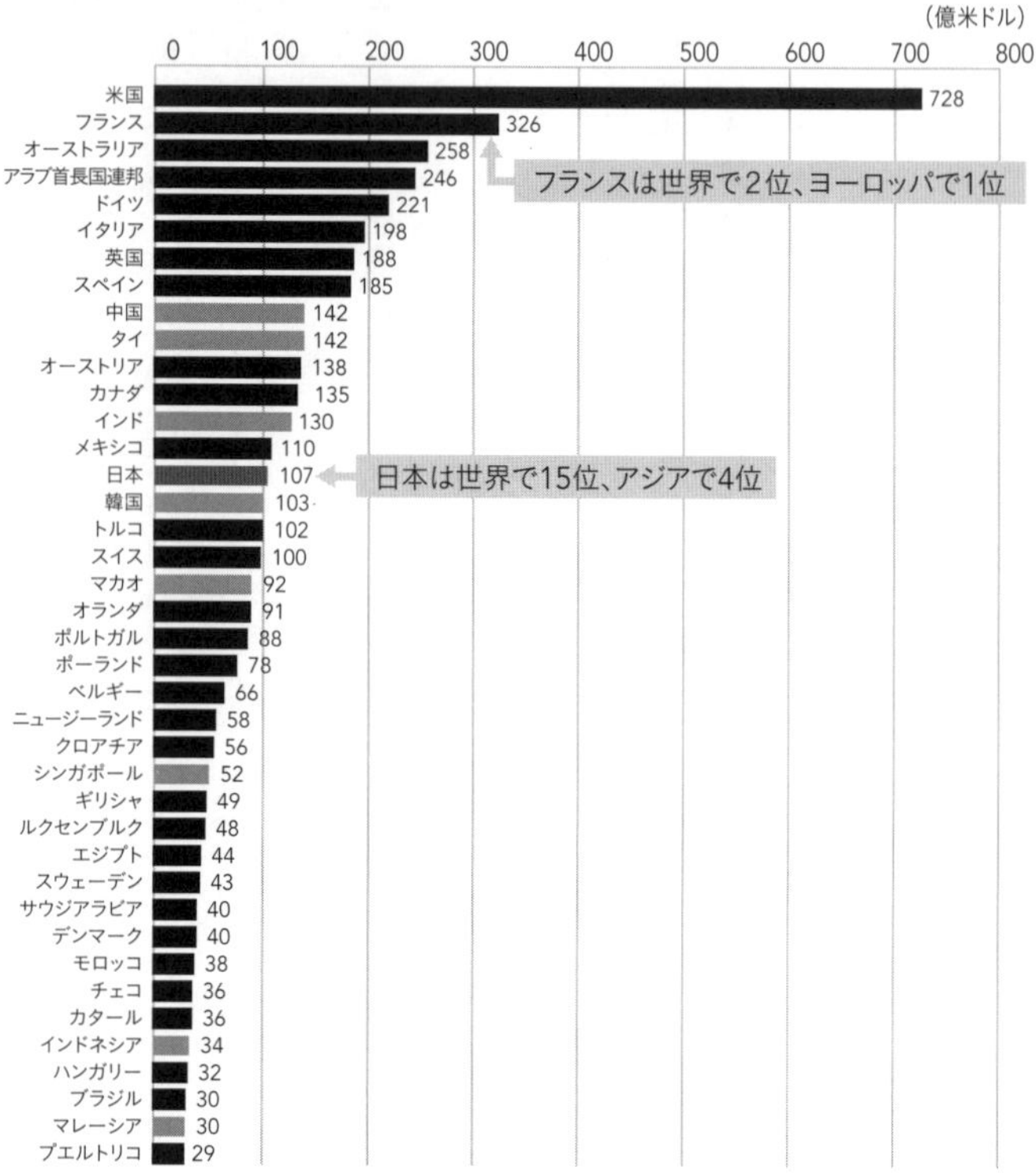

出典：国土交通省、令和４年版観光白書
資料：UNWTO（国連世界観光機関）、各国政府観光局資料に基づき観光庁作成
注１：本表の数値は2022年５月時点の暫定値である。
注２：本表の国際観光収入には、国際旅客運賃が含まれていない。
注３：国際観光収入は、数値が追って新たに発表されることや、遡って更新されることがある。また、国際観光収入を米ドルに換算する際、その時ごとに為替レートの影響を受け、数値が変動する。そのため、数値の採用時期によって、そのつど順位が変わり得る。
注４：本表のグレーのグラフは、アジア地域に属する国・地域である。

図表13　国際観光支出ランキング（2020年）

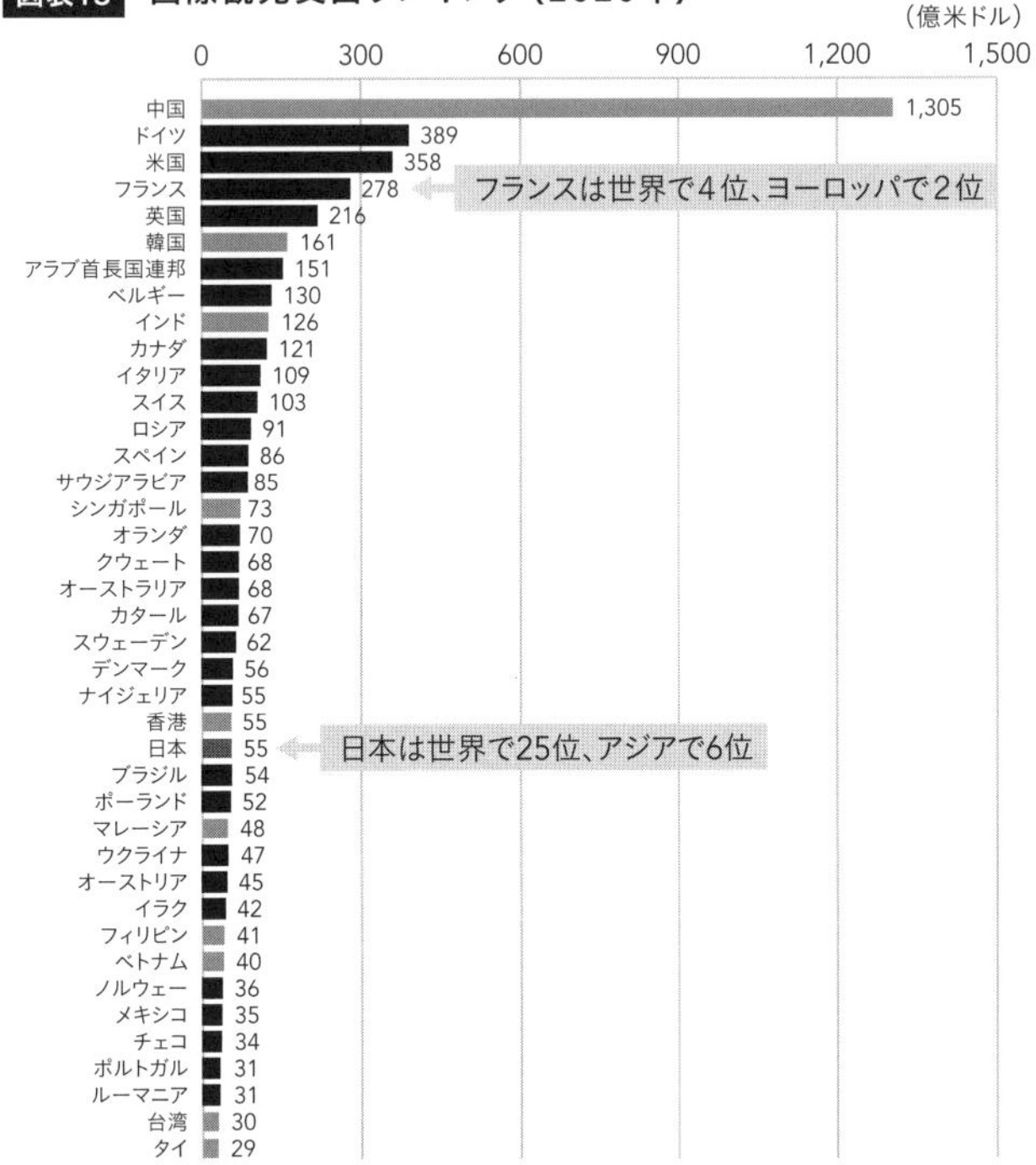

出典：国土交通省、令和４年版観光白書
資料：UNWTO（国連世界観光機関）、各国政府観光局資料に基づき観光庁作成
注１：本表の数値は2022年５月時点の暫定値である。
注２：イランは、2020年の数値が未発表であるが、新型コロナウイルス感染症の影響により、2019年以前の数値と大きく異なることが想定されるため、過去の数値を記載しないこととする。
注３：本表の国際観光支出には、国際旅客運賃が含まれていない。
注４：本表のグレーのグラフは、アジア地域に属する国・地域である。
注５：国際観光支出は、数値が追って新たに発表されることや、遡って更新されることがある。また、国際観光支出を米ドルに換算する際、その時ごとに為替レートの影響を受け、数値が変動する。そのため、数値の採用時期によって、そのつど順位が変わり得る。

図表14 外国人旅行者受入数ランキング(2020年)

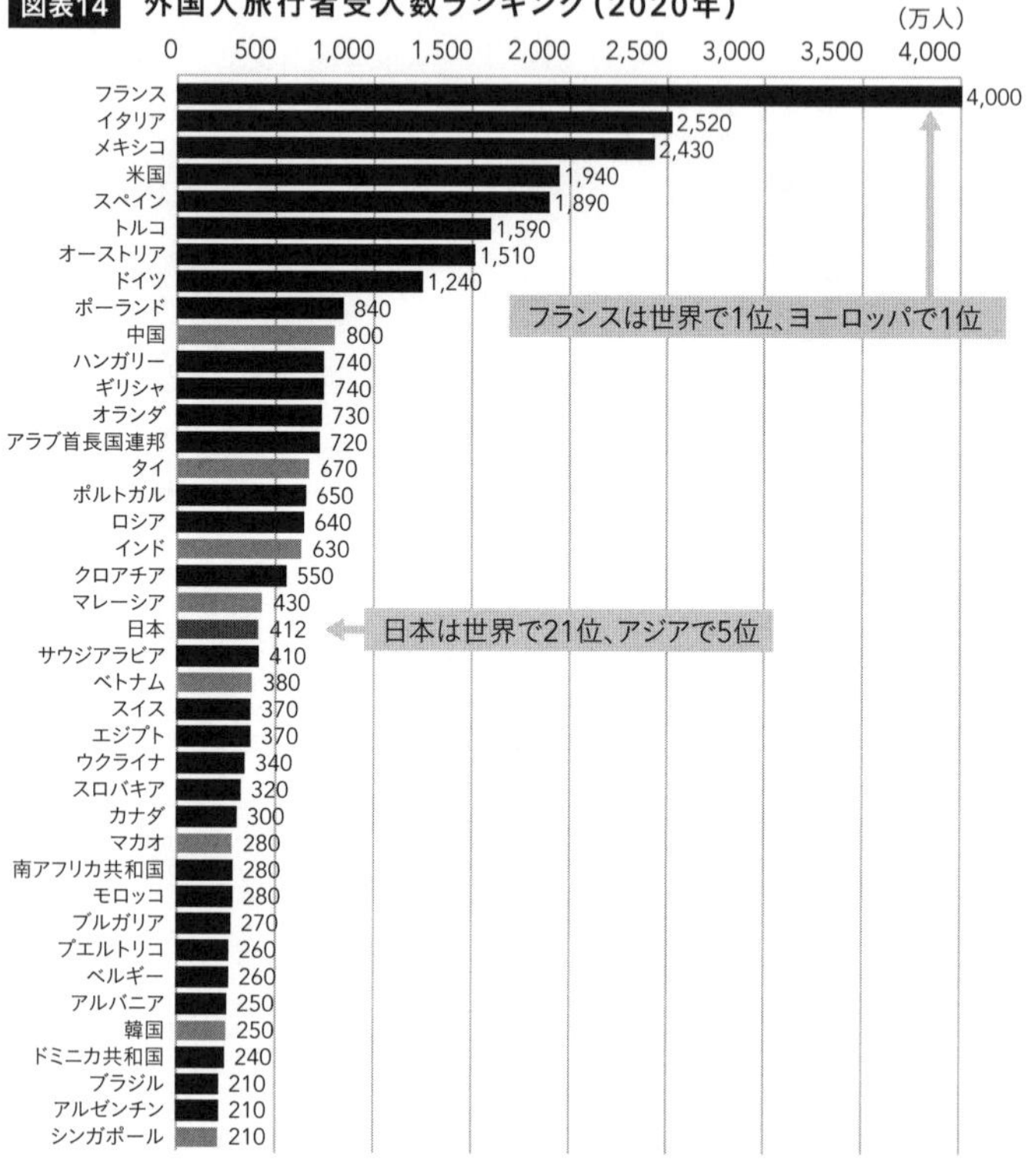

出典：国土交通省、令和4年版観光白書
資料：UNWTO（国連世界観光機関）資料に基づき観光庁作成
注1：外国人旅行者数は、国・地域ごとに異なる統計基準により算出・公表されているため、これを比較する際には注意を要する。（例：外国籍乗員数（クルー数）について、日本の統計には含まれないが、フランス、スペイン、中国、韓国等の統計には含まれている。）
注2：本表の数値は2022年5月時点の暫定値である。
注3：英国、インドネシア、デンマーク、チェコ、アイルランド、イラン及びキルギスは、2020年の数値が未発表であるが、新型コロナウイルス感染症の影響により、2019年以前の数値と大きく異なることが想定されるため、過去の数値を記載しないこととする。
注4：本表で採用した数値は、日本、ロシア、ベトナム及び韓国を除き、原則的に1泊以上した外国人旅行者数である。
注5：本表のグレーのグラフは、アジア地域に属する国・地域である。
注6：外国人旅行者数は、数値が追って新たに発表されることや、遡って更新されることがあるため、数値の採用時期によって、そのつど順位が変わり得る。

光関連産業の収益が半減したと報告しています。前出の寄与額の対ＧＤＰ比は５・３％まで落ちました。フランスも同様に、各項目の数字が前年比の半分近くに減少し、対ＧＤＰ寄与比は５・０％まで沈んでいます。そんな**異例の1年でも国際ランキングでは上位を保ったことに、フランス観光業界を支える底力のほどが表れている**と言えます。[*90]

たとえば同じヨーロッパの観光人気国スペインは、２０１９年には観光収入で世界２位とフランス（同年３位）を上回り、外国からの旅行者受け入れ数でもフランスに６００万人差で迫る２位でした。しかし２０２０年はパンデミックからより深刻な影響を受け、観光収入で世界８位、外国からの旅行者受け入れランキングで世界５位と順位を下げています。[*91] 観光産業の対ＧＤＰ寄与比比では、２０１９年の14％が５・９％と６割以上の減少となってしまったのです（フランスは45％減）。[*92]

観光消費の7割を支えるフランス国内客

コロナ禍でもフランスが、観光関連の国際ランキングで上位を保ったのはなぜか。入国制限や行動規制の違い、地理的条件など要因は複数あり、安易な因果づけはできませんが、背景の一つにはやはり、フランスの人々の堅固なバカンス精神があると考えられます。

バカンスの非日常時間は、それ以外の労働の日々を生きる心の支え。長期休暇なしに働くのは考えられない――本書のインタビュー回答者の方々が、何度も言及していましたね。そのマインドセットの前では、パンデミック下であっても、自宅外で過ごす休暇が必須。前代未聞のロックダウンが明けて数ヶ月しか経っていない2020年の夏、フランスでは54％の人々がバカンス旅行に出発し、そのうち94％の行き先がフランス国内でした。*93 ですがコロナ前、2019年のあるバカンス意識調査では、行き先をフランス国内とする人の割合は回答者の半分ほどだったのです。*94 **移動**

制限があるなら行き先は近場でも良い、とにかくバカンスに出る、自宅以外の場所で休暇を過ごす！　そんな強い意志とその背景にある長年の習慣性が、この数字に繋がっています。

また新型コロナ禍2年目の2021年は春に再び感染が拡大し、4月に3回目のロックダウンがありました。しかし直後の夏の地中海岸地域では、宿泊業の売上がパンデミック前年の2019年を上回り、夏の客室販売数の記録を更新した街もありました。これを報じたニュースのタイトルがまた象徴的で、まさしく「フランス人がサマーシーズンを救った」でした。*95

フランスの人々のバカンス習慣が自国の観光業に大きく貢献していることは、消費実態のデータにも表れています。国立統計経済研究所によると、フランス国内の観光消費の約7割が国内客によるもので、その割合はコロナ禍前・コロナ禍後でもほぼ同じ。**世界で最も多く外国からの観光客を迎える一方、その人々の消費が全体の3割にしか及ばないほど、国内客が観光にお金を使っている**のです。*96

フランスの人々の観光へのお金のかけ具合を、日本と比べてみましょう。コロナ禍前の2019年、国内客による旅行消費額は日本では約22兆円、フランスでは約16兆円（1140億7000万ユーロ）。日本の人口はフランスの2倍弱なので、単純計算での一人当たりの平均額では、フランスの人々は日本の人々より観光に多くお金を使っていることになります。*97

夏のバカンス予算の目安は「月収1ヶ月分」

ではフランスの人々は実際、バカンスにどれくらい予算を割いているのでしょう。

この国では毎年複数の会社が、国内の成人（18歳以上）に夏のバカンス予算をヒアリングする恒例調査を行っています。よくメディアで引用されるのは、保険会社ソファンコによる調査会社オピニオン・ウェイ委託調査（国内成人約1000人を対象に7月に実施*98）と、保険会社ユーロップ・アシスタンスが調査会社IPSOSに委託する15カ国比較調査（15カ国の成人約15000人を対象に4～5月に実施*99）です。調査時期や質問内容が異なっていることに留意しつつ、共通する項目の同年の結果を並べてご紹介し

図表15　フランスにおける2022年夏のバカンスに関するアンケート

質問項目	調査A（オピニオン・ウェイ社、7月実施）	調査B（IPSOS社、4~5月実施）	調査C（CSAリサーチ社、5月実施）
バカンスで自宅外に滞在する予定がある	62%	74%	63%
予定しているバカンス旅行の長さ	1週間　34% 2週間　36% 3週間　13%	平均2週間と1日	ー
夏季バカンス予算の世帯平均額	1,396ユーロ	1,806ユーロ	1,641ユーロ

出典：ソファンコ／オピニオンウェイ、ユーロップアシスタンス／IPSOS、コンフィディス／CSAリサーチ、各社2022年度調査報告より筆者作成

ますね。前述の2調査の前者を調査A、後者を調査B、さらにもう一つ、クレジット会社コンフィディスによる同年の委託調査の結果を調査Cとして併記します。*100・図表15

3つの調査によると、**フランスの一世帯の夏のバカンス予算の平均額は約1400~1800ユーロ。**調査によって数百ユーロの幅がありますが、**日本円にして20万円~25万円くらい**と捉えていただけると良いかと思います。

これはフランスの法定最低賃金の月給（1645ユーロ、2022年5月*101）や民間企業サラリーマンの月給中央値（2005

図表16　フランスにおける夏のバカンスの平均世帯予算

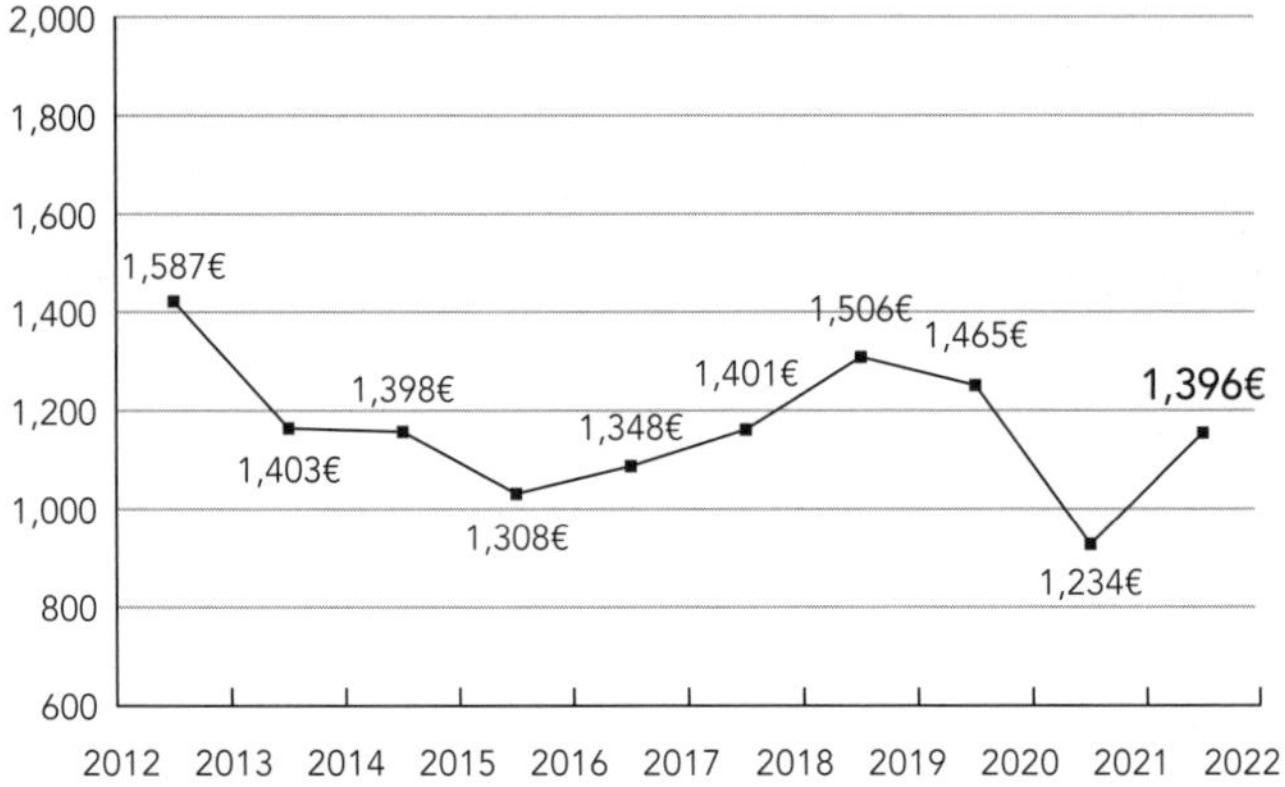

出典：ソファンコ／オピニオンウェイ「フランス人とバカンス予算　2022年：フランス人は環境に配慮できる旅行者か？」　2022年8月

ユーロ、２０２０年[＊102]）を鑑みて、**ざっくりと「月収1ヶ月分弱」に当たる金額で**す。調査Ａでは月収２０００ユーロ未満の所得者層と３５００ユーロ以上の所得者層によって異なる予算平均を明示しており、前者は９０２ユーロ（約12万6千円）、後者は２１５１ユーロ（約30万1千円）。所得額の差に関わらず、みなそれぞれの収入に見合った範囲で予算を組み、バカンスを実践している様子が浮かび上がっています。[＊103]

また調査Ａでは、過去10年間の予算の回答を並べて掲載しています。[＊104・図表16]社会情勢や景気の動向を反映して多少の増減はありつつ、１３００〜１５００

ユーロ付近の「月収1ヶ月分弱」で推移。バカンス予算の捻出法を尋ねた別の調査では、対象者の68％が「日頃からバカンス用に貯金している」と回答しました。*105 第1章で紹介した **「この1ヶ月のために残りの11ヶ月を働く」** というフランスの人々の感覚に呼応しています。

こうして数字を追うと、この国でバカンスが「国家経済を動かす推進力」と捉えられているのも納得です。**数千万人が平均20万円近くの予算を観光に注ぎ込む期間が、毎年夏に必ず来る。そりゃ国の一大事だ……！**

日本の夏にも、毎年帰省ラッシュが報道されるお盆休みがありますが、規模感の違いは否めないところ。ここ数年の帰省にはコロナ禍の影響も強く出て、２０２２年６月に実施された全国２５００人対象のアンケートでは、国内旅行を予定している人は回答者の約2割、平均予算は約8万6千円でした。*106

バカンス消費のトップは宿泊費と交通費

「月収1ヶ月分弱」の予算を使い、フランスの人々はどのように経済を回しているのでしょう。それを示すのが図表17、フランスの観光消費の用途別内訳です。[*107・図表17]お金の使われる先、つまりバカンスの恩恵を受けているセクターが視覚化されています。

消費額が高いのはやはり宿泊と移動関連で、外食や文化・スポーツ系のアクティビティは宿泊・移動の半分ほどの消費規模。これは私自身の体験と見聞の範囲での印象にも合致しています。フランスの人々は長期休暇の際、「民族大移動」とも言いたいほど動きますが、**一度滞在先に落ち着いたら、日本人の目には意外なほどのんびりと過ごす**のです。

クルーズやバイクツアーなど、移動そのものが目的ではない限り、長時間の移動は

図表17　2021年フランスの国内観光消費の内訳

単位：10億ユーロ

消費項目	国内在住客	国外からの来訪客	合計
サービス系の消費項目 (A)	**46.9**	**26.1**	**73.0**
観光系の商業宿泊施設	15.1	12.9	28.0
ホテル	5.3	7.1	12.4
キャンプ場	1.8	1.1	2.9
民宿、短期賃貸物件	6.0	3.4	9.4
その他の商業宿泊施設	2.0	1.3	3.3
レストラン、カフェ	8.0	4.9	12.9
都市交通以外の交通サービス	16.2	5.7	21.9
飛行機	4.9	2.6	7.5
列車	5.4	0.7	6.1
バス	1.2	0.9	2.1
船舶	0.2	0.2	0.4
観光用レンタカー	4.3	1.2	5.5
昇降機（ケーブルカー、ロープウェイ、リフトなど）	0.2	0.1	0.3
文化、スポーツ、レジャー、旅行代理店	7.6	2.6	10.2
ミュージアム、舞台芸術、その他文化活動	0.8	0.5	1.3
カジノ	1.0	0.3	1.3
アミューズメントパーク、レクリエーションサービス	1.6	1.1	2.7
スポーツ・レジャー道具レンタル	0.9	0.3	1.2
旅行代理店	3.3	0.4	3.7
その他の消費項目 (B)	**31.3**	**11.7**	**43.0**
燃料費、高速料金など車両走行費	11.5	3.6	15.1
飲食	7.3	4.5	11.8
長期使用できる物品の購入	7.1	1.4	8.5
その他	5.4	2.2	7.6
商業系の国内消費総額 (C = A + B)	78.2	37.8	116.0
非商業宿泊施設への消費 (D)	19.5	2.1	21.6
国内消費総額 (E = C + D)	97.7	39.9	137.6

表の読み方：2021年、観光系の商業宿泊施設の国内消費額は280億ユーロだった
対象：フランス国内
出典：フランス国立統計経済研究所、観光サテライト勘定

まずなし。夏なら数分圏内のビーチや施設内のプールに朝から出かけて夕方までいたり、手近な山に1日がかりでハイキングに行ったり、たっぷり時間をかけてゆったりと楽しみます。テーマパークや動物園、ミュージアムや遺跡類も人気はありますが、それがバカンスの唯一の目的、という声は寡聞にして知りません。首都パリのルーブル美術館やユーロディズニー、エッフェル塔、ヴェルサイユ宮殿など世界的スポットでない限り、入場のために長蛇の列をなさねばならない場所はそう多くありません。

外食回数も普段よりは増えるものの毎日毎食ではなく、宿泊先のキッチンで冷凍ピザを焼いたり、土地名物のお惣菜とパンとサラダなどで手軽に済ませます。夏のバカンス中の会食といえば、調達した食材を自分達で焼くバーベキューが定番です。

大事なのは、非日常の場所で心のままに、気楽に過ごすこと。慌ただしく制限の多い毎日を脱出してきた先で、移動やレジャーの予定を詰め込み滞在の自由度を下げるのは本末転倒です。アクティビティも外食もあくまで休暇中の「お楽しみ」の一部であるべきで、**時間的にも金銭的にもストレスになるなら、優先順位の下がるもの**なのです。

長逗留でも出費を抑える滞在先選び

のんびりと非日常を過ごすことに集中したいとなると、バカンスのオーガナイズで最も重要なのは、滞在先選びです。ここからはバカンス経済最大のボリュームゾーン「宿泊施設」に焦点を当てて、各種データを見ていきましょう。

フランスの観光宿泊施設には、設備の充実度を示す星印のランク付け方法が法律で定められています。*108 人々はその星の数を目安に、予算と好みに合った滞在先を選びます。

そして夏のバカンスは、滞在期間が平均で2〜3週間にもなる長逗留です。宿泊費も食費も、費用はできるだけ抑えられたほうが良い……てなシビアな本音は（ごく一部の富裕層を除いて）もちろんあります。その思いが如実に表れているのが、バカンス中の宿泊先の統計です。*109・図表18

図表18 フランスの人々の宿泊場所別宿泊日数(2021年)

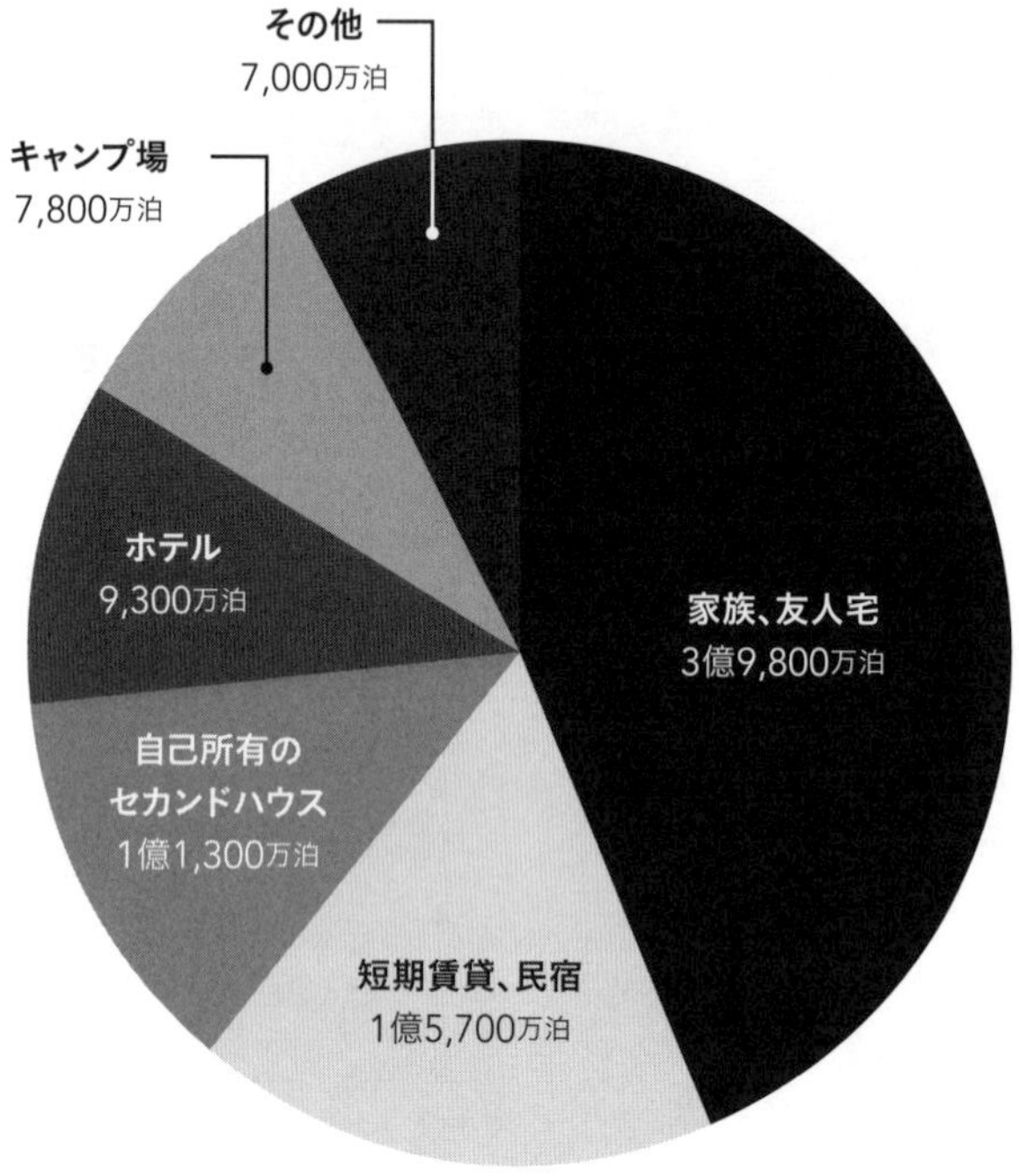

グラフの読み方:2021 年、私用目的でのホテル宿泊は 9,300 万泊だった。
調査対象:フランス国内在住 15 歳以上で、国内および国外に旅をした人。
出典:フランス国立統計経済研究所、観光ニーズ追跡調査

フランスの人々がバカンス中に利用する、**日数がダントツで多い宿泊先は、実は「家族・友人宅」。**都市暮らしでも故郷は田園地帯の地方にあり、バカンスを使って長めの帰省をする人が多いのです。故郷の遠い外国出身者や家族が外国にもいる二重国籍者にとってはなおのこと、長期休暇が絶好の帰省の機会になります。

夏の長期休暇は、ルーツの場所を見出す貴重な機会。子どものいる人は自分の休暇が終わった後も、まだ夏休みの残っている子ども達を帰省先の実家に残し、親達は先に自宅に戻って仕事を再開する……という話もよく聞きます。かくいう我が家も、夏は夫の故郷の南フランスの地中海沿岸に赴き、普段離れて暮らしている夫の両親が孫達と過ごす時間にしています。

家族・親戚と並んで多いのが、友達間でお互いの故郷の実家に招待し合うことです。手土産を持参したり、滞在中の食費光熱費を負担したりはありますが、ホテルなどの商業施設での宿泊代に比べたらずっとお手頃に済みます。**今年はあなた、来年は私、と仲間内で持ち回り、バカンス先にバラエティをつける**人々も少なくありません。

図表18の中には「セカンドハウス」がありますが、それを持てるだけの経済的な余裕のある層では、互いのセカンドハウスを親戚や友人達の間で訪問し合うのも、典型的な過ごし方です。ちなみにセカンドハウスにも主な住居と同じように固定資産税や住民税がかかるので、観光地の自治体にとっては、セカンドハウスの持ち主達は大切な税収源でもあります。

バカンス中の主要な宿泊先が家族や友人宅となると、「バカンスで経済を回す」ってことにはならないのでは……？　と思われる方もいらっしゃるかもしれません。が、そこは心配（？）ご無用。滞在先まで自宅から8時間、10時間と自家用車で遠征する場合は、**中間地点で休憩がてら数泊して道々でも観光を楽しむのが、バカンスあるあるのスタイル**です。フランス中部のホテルやレストランには、北部から南部へ移動するバカンス客の途中泊向けプランがあり、1泊でももちろん歓迎されます。また家族・友人宅を主な滞在先にしつつも、一期間だけはホテルや民宿に予約を取り、長逗留にアクセントをつけたり。小さな子どものいるカップルは、実家の親に子どもを預けて、通常はなかなかできない水いらずの短期旅行を楽しんだりもします。

夏の風物詩、キャンピングの存在感

出費を抑えながらバカンスを楽しめる方策として、フランスのみならず、ヨーロッパ全体で根強い人気を誇るのがキャンピングです。前出のグラフでも、ホテルに次いで多い宿泊数になっていますね。

フランスのキャンプ場業者団体「全国野外宿泊業者協会」によると、**フランス全土には7500カ所以上のキャンプ場があり**（日本は全国に約2100カ所ほど[*110]）、**毎年2200万人以上の客を迎え、その3分の2は国内客**だそうです。2021年の年商は28億ユーロ（約3900億円）。大半の施設の営業期間が4月～10月と限られている上での数字に、人気のほどが窺えます。[*111]

フランスの人々にとってキャンプ場は、「夏のバカンスの風物詩」とも言える存在感を放っています。車の普及とともに隆盛したことは第1章（P52）でも触れましたね。**ハイシーズンの宿泊施設としては安価で選択肢が多く自炊も可能で、野外に寝泊まりする開放的な経験は、気候の良い夏ならではの楽しさ。**それらの点で若者や家族連れの利用者に愛され、人々の幼少期や青年期の夏の思い出に刻まれているのです。毎年同じキャンプ場・同じ設営スペースを予約する、なんて人も。キャンプ場で夏にだけ出会う・再会するバカンス客の人間模様を描いた映画『キャンピング』は、続編が二つも作られる国民的な人気シリーズになっています。

キャンプ場というと、緑あふれる広々とした設営スペースにテントやキャンピングカー、キャラバンがずらっと並ぶ風景をイメージされる方が多いかもしれません。が、フランスのそれはより多彩です。最も数の多いミドルクラスの三つ星キャンプ場（全体の33％）でもプールやバーが併設されているところが多く、五つ星のデラックスクラス（全体の3％）となると、広大な敷地に手入れの行き届いたバーベキュー設備付きのロッジが点在し、巨大スライダープールやプライベートビーチ、スパにジム、地元の物産店、レストラン、毎日コンサートやクラブイベントが催されるステージがあったりと、ホテルにも劣らない充実度。「グラマラス」と「キャンピング」を組み合わせた造語「グランピング」は、フランスでもじわじわ目につく機会が増えています。

そんなラグジュアリーなキャンプ場にも、お手頃価格で利用できるテントやキャンピングカーの設営スペースがあるのが面白いところ。キャンプ場のランク別に1週間の利用料金を比較した図表19には、幅広い価格帯で多くの人がバカンスを楽しめる、キャンピングの懐の深さが象徴的に表れています。[*112・図表19]

新型コロナ禍を経て、屋外で過ごすキャンピング・バカンスの人気はますます高まっています。スポーツ・アウトドアショップは夏に向けてキャンプ用品の販売に力を入れ、業界の大手製造販売チェーン「デカトロン」によると、**キャンプ用品市場は過去5年順調に上向きで、年間5〜6%の成長率を示している**とのこと。[*113] これもまた、毎年繰り返すバカンス文化がもたらす経済効果の一つです。

図表19 **フランスにおけるランク別・キャンプ場の1週間の利用価格の例（7～8月のハイシーズン）**

単位：ユーロ

	一つ星	三つ星 A（内陸部）	三つ星 B（海岸部）	五つ星 A（山間部）	五つ星 B（海岸部）
カップル用（大人2）					
テント	120	130	250	273	205
キャンピングカー	150	150	325	273	205
貸家	490	425	640	1200	1200
家族連れ（大人2・子ども2）					
テント	170	170	320	385	245
キャンピングカー	200	192	395	385	245
貸家	490	495	690	1200	1210
友人連れ（大人4）					
テント	190	205	390	399	285
キャンピングカー	220	230	465	399	285
貸家	490	495	690	1,200	1,220

出典：フランス全国野外宿泊業者協会 2022 年プレスキットより筆者作成

【各ランクの施設例】

一つ星……テント・キャンピングカー設営用スペース、貸家、運動場、バーベキュー。フランス中央山間部・川沿い

三つ星 A…テント・キャンピングカー設営用スペース、貸家、レストラン、サウナ、スポーツ・レジャー活動の有料オプション。フランス北西部・湖近辺の敷地

三つ星 B…テント・キャンピングカー設営用スペース、貸家、プール、ミニゴルフ、フィットネスジム、食材店。フランス南西部・海水浴場と湖の近く

五つ星 A…テント・キャンピングカー設営用スペース、貸家、レストラン、バー、物産店、庭付きプール、スパ付き室内プール、噴水付き遊具場、スポーツ＆レジャー活動の有料オプション。フランス中央山間部

五つ星 B…テント・キャンピングカー設営用スペース、貸家、レストラン＆バー計 3 軒、食材・雑貨店計 3 軒、スパ＆美容室＆エステ、テニスクラブ、プールなど複数のスポーツ施設。フランス南東部・地中海のビーチに直結した敷地

「フルでおまかせ」の安心感に価値があるバカンス村

非日常の中でのんびりと、心のままに。**日常生活のタスクを「何もしない」のがバカンスの喜び**――フランスの人々のそんなメンタリティを最も強く象徴するのが、「バカンス村 Village de vacances」というタイプの宿泊施設でしょう。キャンプ場よりも設備や土地柄に即したアクティビティが充実し、キッズクラブを併設するところも。食事の面でもバイキングや日替わりメニューの食堂が併設されていて、３食込みのフルパッケージを選べば、一切自炊せずに過ごせます。

このサービスの歴史は古く、非営利系のバカンス村運営事業者の連合組織ＵＮＡＴの創設は、１９２０年まで遡ります。年次休暇の普及に従い、バカンス予算を潤沢に取れない世帯にも質の良い滞在と観光体験を提供すべく、ソーシャル・ツーリズムの一環で広がっていきました。フランス経済の隆盛期「栄光の30年間」で民間企業の参入が活発になり、現代はバラエティ豊富な施設やパッケージが運営されています。

フランス企業庁と国立統計経済研究所によると、国内のバカンス村事業体は約920。運営主体には非営利団体と民間企業があり、双方を含めると26万床の客室を擁するツーリズム業界の主要セクターの一つです。*114

ロケーションや居室タイプもさまざまに、ファミリー、シニア、シングル向けと選べます。キャンプ場を併設したアットホームな施設から、豪華船クルーズ旅行に匹敵するラグジュアリー施設まで、ランクも顧客層の幅も広く、内容は多彩です。

このバカンス村の別バージョンとして、子ども達を対象に自治体や非営利団体が文化・スポーツ体験を提供する滞在施設「バカンス・コロニー」があります。日本の林間学校的な学校単位での旅行の他、家族と旅に出られない事情のある子どもや若者達に余暇の文化体験を与える、児童・社会福祉の場としても役立っています。

バカンス村の整備は、広大な敷地の工事を前提とする土地開発事業です。また設営された場所には観光客が足を運んで人流が盛んになる、地域振興策でもあります。

1959年にはソーシャル・ツーリズムの理念に地域経済と国土整備の推進の意図が

加わった非営利団体「家族バカンス村（ＶＶＦ）」が、公的機関と大手金融機関の共同出資から作られ、今も運営されています。＊115

土地開発・地域振興の効能は当然ながら、運営主体が民間企業でも同じ。バカンス村事業者の大手はリゾート開発を手掛けるプロモーターを兼ね、海外に手広く事業展開しています。部屋タイプのアップグレードや滞在地までの飛行機便（チャーターもあり）までセットにして選べるパッケージ展開は、もはや旅行代理店の様相です。

総合的なサービスを提供する民間バカンス村の先駆者兼最大手が、クラブ・メッド社。読者のみなさんも、名前は聞いたことがあるかもしれません。創業１９５０年、今やフランスのみならず、世界でも有数の高級リゾート企業です。

「人生の目的は幸せ、この場所の目的も幸せ。幸せになる時は今」。創業者ジェラール・ブリッツ氏はその理念をサービスに落とし込み、「滞在中に求められるサービスをオール・インクルーシブで提供する」「クラブでの幸せは〝優しいメンバー〟である客と〝優しいオーガナイザー〟であるスタッフが作る」の原則のもと具現化しました。食事は朝から種類・量も豊富なバイキングスタイルの他、郷土料理のレストランや軽食ラウンジなど複数の選択肢から選べる仕組み。スタッフは若々しく、宿はプライベートビーチやスキー場に直結しています。**値は張りますが、それは「自分で何一つ手配しなくて良い心の安らかさ」の代償なのです**（気になる方は公式サイトを検索してみてくださいね）。豊かさと解放感に満ちた画期的なバカンス・ツーリズムは、フランスの「栄光の30年間」を象徴する人気を誇りました。

このクラブ・メッド的なバカンス模様は1978年に『レ・ブロンゼ（日焼けした人々）』の名でコメディ映画化され、評論家レビューはイマイチだったにもかかわらず、入場者数200万人越えの興行成績を記録しています……が、当のクラブ・メッド側は映画の風刺的なイメージに賛同せず、同社系列リゾートでの撮影を拒否した、なんてエピソードも。[*116]

クラブ・メッド社は現在、5大陸32カ国に約70の事業展開をし、2021年上半期の取引額はコロナ禍前の数字に迫る約8億1100万ユーロ（約1135億円）と発表されています。[*117] 祖父母から孫、ひ孫世代までの根強いファンが多く、新型コロナの移動制限の打撃からも無事に回復したそうです。ちなみに私の夫の知り合いには、春か秋の休暇にはおばあちゃんが家族全員分のバカンス村での滞在をサプライズで手配し、家族は指定の日にパスポートと荷物を持って空港に集合して出発する、という一家がいます。

クラブ・メッド社をはじめとするバカンス村のビジネスは、**フランスに年次休暇制度とバカンス文化がなかったらここまで発展しなかったでしょうし、そもそも存在し得なかったもの。**歴史的な背景を知ると、「まとめて取得」の年次休暇制度がフランス社会にもたらす数々の経済的な効能が、よりクリアに見えてきます。

予算と時間と趣味でこんなに変わるバカンス事情

フランスのバカンス経済の最大要素である宿泊施設をめぐって、データとファクトをざっと追ってきました。長期滞在仕様の宿泊スタイルにも色々あり、それが総体として大きな市場となっていると分かりますね。

それらの宿泊施設は実際に、人々のバカンスプランにどのように組み込まれているのか。第2章・第3章でインタビューした方々を中心に、夏季休暇の実例を見てみましょう。

●地方公務員ロイック・ポエヌーさん

我が家の夏のバカンスは二つのパターンがあります。一つ目は、妻の家族や私の親戚に会いに西アフリカの国々に行くこと。もう一つは、フランスの北部や北西部で過ごすことです。私は車を長時間運転するのが苦手なので、国内に行く場合は近場の海辺を選びます。去年はノルマンディー地方の海辺にある民間のバカンス村で、アパルトマンを1週間ほど借りました。まだ小さい子どもがいるので、敷地内にプールがあるのが良かったですね。徒歩圏内に海岸、観光向けの感じの良い街も近くにあって、リラックスして楽しい時間を過ごしました。

フランス国内で過ごす際の予算は、家族5人で2000ユーロ（約28万円）くらいです。アフリカでのバカンスにはその倍以上の予算が必要なので、毎年はなかなか難しいですね。バカンスは家族・親戚と時間を共有し、英気を養う大切な時間です。

●プール関連用品卸業社社員セリーヌ・ルゲイさん

毎月のお給料から100ユーロ（約1万4千円）ほどをバカンス用の積み立て貯金に回しています。それに5月に出るボーナスを足したものが私のバカンス予算で、その金額の範囲で行き先や期間を検討します。

子どもができる前は好きに自分の行きたいところに行き、ギリギリに段取りをして直前割引のパッケージを利用したりもしましたが、家族の人数が増えるとその分お金もかかるので、そういうことはできなくなりました。私はシングルマザーで子ども達の夏休みは元パートナーと分割して過ごすのですが、今年はそのうちの1週間で、南フランスのキャンプ場に行きました。私の恋人と彼の子ども達も含めて総勢6人で、出費は宿泊費込みで2500ユーロ（約35万円）くらいでしたね。

バカンス先選びは「子ども達も楽しめる」という点を重視しています。キャンプ場は子ども向けのイベントがあったり、他の滞在客の子ども達とも遊べるので、家族連れにはやっぱり使いやすい。キャンプ場はすぐに予約で埋まってしまうので、1〜2月には予約します。コロナ禍でフランス国内のバカンスの魅力を再発見した人が多いので、ますます激戦ですよ！

去年はその他に、7月末に恋人と1週間弱、南イタリアにも行きました。イタリアではホテルに泊まり、レンタルバイクを借りて、海や街を周ったり。1週間はあっという間だから、もう少し長くいたかったですね。

●施工会社社長エディ・ベルヴィルさん

私はバカンスには本気で取り組みます。夫婦と子ども4人で思いっきり楽しむためにお金を惜しみません。外食もたくさんしますよ。滞在先にもよりますが、夏のバカンスでは家族一人当たり1000ユーロ（約14万円）は使います。

行き先は色々ですね。スペインを2週間かけて旅したり、子ども達にバスケットボールの講習付きの滞在パッケージを予約したり。子ども達が小さい頃はバカンス村も利用しましたが、私自身は実は苦手です。バカンス村ではすべてお膳立てされていますが、私は日常にない発見や冒険を、自主的に楽しみたいので。

子どもが小さいうちは1～2月には夏の宿泊施設の予約をしていましたが、今は出発1～2週間前に家族と「どうする？　何がしたい？」と話して決めています。ネットで見つかる直前価格のお得プランも、バラエティ豊富で悪くないですよ。

去年はフランス国内の友人宅を自家用車で訪ねながら、気の向いたところでホテルに泊まり、3週間かけて1000㎞を走りました。思いっきり好きなようにしたので、かなり散財しましたね。1万2000ユーロ（約168万円）くらい使ったかな。

私が子どもの頃は、スペインの祖父母の家に電車で3日間かけて行き、そのまま3ヶ月間ずっと滞在するのが定番でした。15歳から職人見習いになって、若くてお金のない時は、ビーチで野宿したりもしましたね。どれも良い思い出です。

●コミック作家ベアトリス・ルヴェルさん

フランスの北東部に住んで、バンド・デシネ（フランスのコミック）という形式での物語作品の創作をメインに、イラストの受注仕事などをしています。フリーなので時間の自由が利きますが、バカンスはサラリーマンの人々と同じように取るようにしています。大体夏に20日間、冬に10日間くらいですね。ルーティンから出て新鮮な空気を吸う必要があるのはどの職業でも同じですし、目の前にバカンスという人参をぶら下げたら頑張れることもあります。休暇を取る分作業は進まなくなるので、罪悪感は常にありますが……まぁそれも含めてのバカンスです。

私の月収は600ユーロ（約8万4千円）ほどで、余暇に使えるお金は限られているので、バカンスでは家族や友人の家に行くことが多いです。南フランスの故郷の両親の家に行ったり、姪っ子の子守りを兼ねて兄の家に滞在したり。去年は恋人と一緒のバカンスで、私の実家で10日間、その後南西フランスの彼女の実家に電車で移動して4日間、計2週間過ごしました。両親の家から近いピレネー山脈にハイキングしたり、スペイン側まで足を延ばしたり。7月の2週間、友人に招かれてリトアニアを旅行したこともありました。

私が子どもの頃は、ピレネー山脈のキャンプ場に家族で数週間行くことが多かったですね。一番良い思い出は、数家族合同でペニッシュ（滞在型の船）をレンタルし、フランス南部を流れるミディ運河を数週間かけて下るバカンスをしたこと。停泊地でテントに寝たり、自転車で船に並走したり、最高でした。その時に撮影した8ミリフィルムや写真を家族で見返して思い出話をするのが、クリスマスの定番です。

●歴史学者アンドレ・ローシュさん

私はもう長いこと生きているので（ローシュ氏は1942年生まれ）、時代によって変わってきたバカンスの形を、いくつも経験しています。

初めてバカンスを過ごしたのは、終戦後の1940年代後半です。住んでいたパリから家族で出立して、ドイツ国境にあるアルザス地方の祖父母の家に行きました。大都会を離れて小さな村へ、アパルトマンを出て野原を駆け巡り、学校を離れて家畜と一緒に過ごす……これが私の人生最初の、バカンスの思い出です。

1950年代後半になると、バカンスはイコール「旅行」になりました。それも観光ではなく、冒険としての旅です。テントやユースホステルに泊まり、ヒッチハイクで移動して、フランスの地方や文化遺産を見に回った。日常を出て、未知の地域を知ることが、若い私にとっての冒険だったのです。

1970年代から80年代にかけては、バカンスは異国を発見する機会になりました。初めて訪れる都市、美術館、広場や街並み。車や飛行機であちこちに行きましたね。

2000年代のバカンスでは行き先はより遠くなり、広域のヨーロッパ、アジア、アメリカなど。ともに過ごす家族や、子ども達の面々も増えました。旅することもあれば静養することもあり、海遊びをしたり、山でハイキングをしたり。

ここ数年のコロナ禍では、長年こうして続いてきたフランスの歴史が破壊されたように感じました。疫病が、フランスの人々のバカンスの夢を凍結してしまった。コロナ禍の2年間、家から出て手近な別荘に行くことは、パンデミックから逃れるための避難所やシェルターを求めるのに近い感覚だったように思います。

バカンスがもたらす200万人分の雇用と「社会エレベーター」

閑話休題、体験談で一息入れたところで、バカンスがフランス社会にもたらす経済効果を、再び数字で見ていきましょう。

消費と並ぶ経済の重大案件といえば、雇用です。フランスの政府機関によると、ツーリズム分野の雇用は全セクター雇用の4・8%。営利団体のサラリーマン契約に限定すると、ツーリズム雇用が占める割合は7%と増します。[*118] その実態について、フランスツーリズム研究所の執行理事長ジャン＝リュック・ミショーさんに伺いました。

「**ツーリズム関連の雇用は、人数にして約200万人**といわれています。これは国内のサラリーマンと自営業者を合わせた数ですね。**そのうち40万人が、観光のハイシーズンのみ雇用契約を結ぶ季節労働者。**ツーリズムには季節労働者と自営業者が多いのが特徴です。観光地で夏季のみ営業する宿泊施設、レストランやバー、冬季のスキー場周辺の類似施設が主な仕事先になります」

なぜツーリズムには、季節労働者と自営業者が多くなるのでしょう。

「ツーリズムは24時間以上の自宅外での滞在を対象とします。その内容は長期滞在のバカンスを含むレジャー、療養保養、ビジネス、巡礼と多様ですが、**関連雇用の3分の2は4泊以上の連泊、つまり中長期の滞在から生まれている。**特に長期休暇には明確なハイシーズンとローシーズンがあるので、そこでの労働契約も、季節単位のものが多くなります。また通訳やガイド、ドライバーなど、個人で観光サービスを提供する職は独立自営業が主流です。ハイシーズンのみ観光地に設営するレストランやバーも、個人経営が多いですね」

図表20・21[*119]は、観光関連の雇用が季節ごとにどれだけ変化するかを示すグラ

図表20　フランス都市部・海岸部の観光関連雇用、月毎の推移

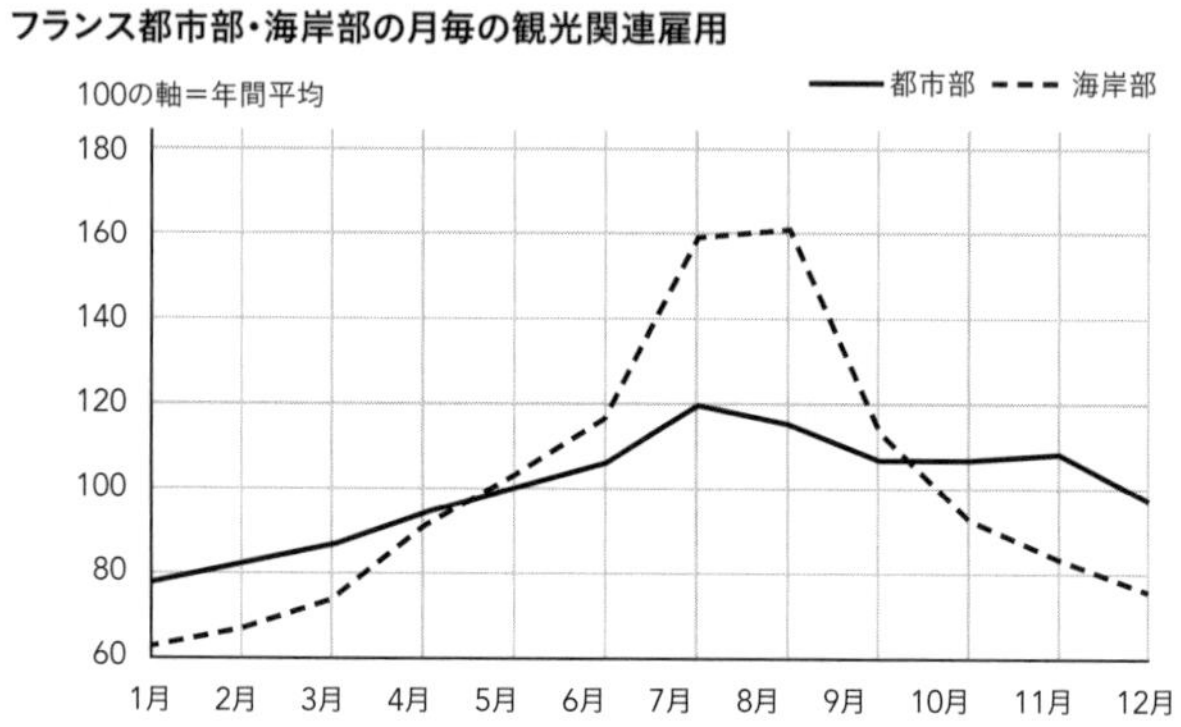

出典：フランス国立統計経済研究所、ツーリズム雇用 2011

フです。元データが２０１１年と少し古いのですが、それ以来フランスにおいて観光シーズンの動向は大きく変わっておらず、推移の波のあり方は今も同様と考えられます。海岸部の７・８月、山間部の１～３月の潔いまでの上昇具合が、フランスの観光シーズンを物語っています。

季節労働者はフランス語で「セゾニエ」と呼ばれ、季節柄で発生する業務に繰り返し従事する、有期限契約の中でも特殊な契約形態が定められています。第３章で説明したように有期限契約には「不安定雇用手当」がありますが、季節

図表21　フランス山間部の観光関連雇用、月毎の推移

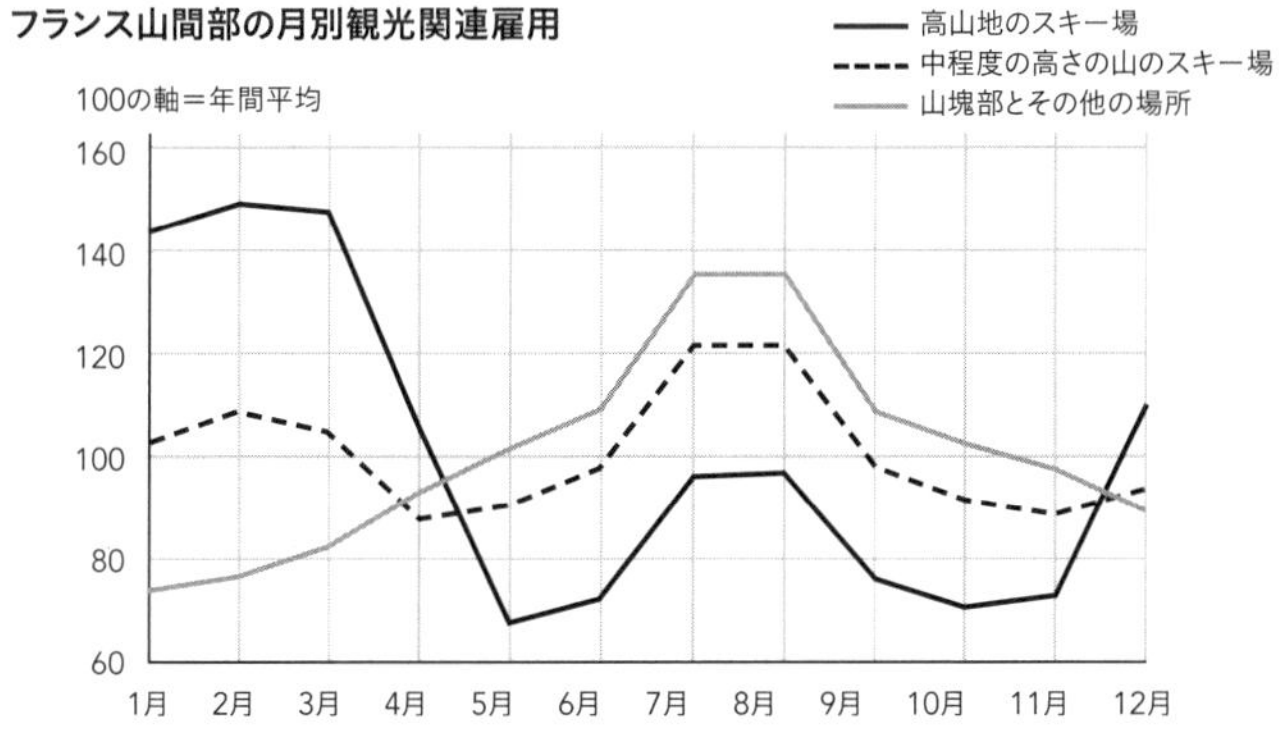

出典：フランス国立統計経済研究所、ツーリズム雇用 2011

労働契約にはそれがありません。一方、業務期間の終わりには年次休暇を代替する手当が付与されます。週休は1日が原則ですが、月に4日分までは雇用主がその1日を半日ずつに分けて取得させることが許容されているなど、ハイシーズンに限定されている就業スタイルに即した柔軟性があります。[*120]

余談ですが季節労働契約はツーリズムの他、農業でも多く行われています。ワインに使うブドウや野菜・果物など、年間で収穫期の定まっている作物の農場で一般的です。全国規模の就農・農業研修関連団体によると、農業の季節労働者は全国で約100万人。[*121] ここでは深掘りしませんが、契約内容や国の支援など、ツーリズム業界とはまた異なった事情があるようです。

季節労働者というと、キャリアに継続性がなく生活の安定に欠けるというような、ポジティブではないイメージを持たれがちです。私自身、バカンス先で夏季だけ営業しているレストランなどに行くと、「このサービス係さんは夏が終わったらどう生活するのかな……」と思ったことが何度かありました。フランスでは不動産や携帯電話の契約、子どもの通学などは「同じ場所に住み続けること」が原則的に前提とされていることも、不安定感の背景にあります。

「そのイメージは確かに、季節労働者の現実の一端ですね。ツーリズム業界では独身や子どものいないカップルなど、若く身軽な働き手が多いことにも影響しています」

前出のミショー理事長はそう同意しつつ、続けます。

「ですがそれらのネガティブに見える点は、この分野の職の魅力にも繋がっているんです。ハイシーズンに集中して稼ぎ、ローシーズンにはゆったり自由にと、メリハリの効いた暮らしができる。観光関連は毎年常に求人があり、短期契約の連続ながら、同職種でキャリアを積んでいける。同僚にもお客にも国籍や文化のバリエーションが豊かで、刺激的な出会いに満ちている。夏はビーチやハイキング、冬はスキーと、休日や仕事の前後には働く人も自然とレジャーを楽しめます。給与も他のセクターと比較して悪くないので、**好奇心旺盛でエネルギッシュな若者に人気があるんです**」

またツーリズム関連の季節労働は、「社会のエレベーター」と呼ばれることも。これは階層社会のフランスで、単純労働者の階層にいた人が管理職や経営者層に移行することを意味します。ツーリズムの季節労働にはサービスや販売などの単純職が多く、特定の学歴がなくとも就職できる間口が広いのです。そして個人の熱意と適性があればマネージャーに昇格しやすく、その先には経営者や独立自営業者への道が、さほど遠くない距離で続いています。気に入られた顧客に、よりハイクラスな働き口を紹介される、なんてことも。現在フランスで有名な俳優の中には、前述のクラブ・メッドのようなバカンス村でのイベントや舞台で経験を積んだ人もいます。

特殊な労働形態ながら、ツーリズム業界が絶えず働き手に恵まれて発展を続けてきた理由の一つには、独特の職業的な魅力があるのです。

ですがそのツーリズム業界も、コロナ禍以降、深刻な人手不足に見舞われています。ツーリズムの季節労働者には失業期間の支援がほとんどないため、ロックダウン期に転職して、そのまま観光業に戻らなくなった人が多いそう。ここ1～2年は求人を出しても応募が来ないからと、席数や営業日を減らしているレストランが多発。私自身も昨年の休暇旅行では、そんなお店をいくつも見ています。

「この問題には今、業界全体で向き合っています。今私どもの研究所では、ツーリズム関連職の人々の生活がより安定するよう、国に制度改正や支援の強化を要請しているところです。ツーリズムはフランスにとってかけがえのない重要な産業ですから、国も関心を寄せています」（ミショー氏）

求職条件に全フランスで統一の基準を作り透明化する、非正規のヤミ契約を減らす、雇用主の支援を行う……「職業の魅力を向上させる」の掛け声のもと、アクションが取られています。**2022年にはホテル・レストラン・カフェの労使団体で話し合いが持たれ、関連する各職業の賃金を平均で16％ほどベースアップする同意がなされました。**＊122

人々の心の支えになっているバカンスも、その場を担う人がいなければ成り立ちません。人手不足の中、働き手をどう確保するか。フランスのバカンス文化・経済は今、一つの正念場を迎えています。

車で走って回す経済装置、高速道路

第1章の歴史紹介で、フランスのバカンス文化の隆盛には自家用車の普及が大きく関わっていることに触れました（P52）。長期休暇に出るフランスの人々の自家用車愛は、現代にも続いています。2022年の世界15ヵ国バカンス意識調査の交通手段を尋ねる項目で、「出発に使うのは自家用車」と答えた人の割合が最も多かったのがフランス。回答者の68％が車を選びましたが、ヨーロッパ諸国の平均は55％でした。[*123]

フランスの人々は国内でのバカンスを好むことに加え、目的地への移動手段は公共交通機関ではなく自家用車を選ぶ傾向がある。その結果、フランス国民のバカンス大移動は、道路交通関係のセクターにも大きな利益をもたらしています。図表17（P213）でご紹介した国内観光消費の内訳でも、「燃料費、高速料金など車両走行費」は他の交通サービス系の消費を大きく引き離した消費額を示しています。

乗用車が選ばれる理由としては、移動の自由度の高さ、公共交通機関のストレス（予約時と移動中の双方）のなさに加え、料金の手ごろ感があります。たとえばパリ市内南部に住む4人家族が夏に、南フランス地中海岸のリゾート地アルジュレス・シュル・メールにガソリン乗用車で行くとしましょう。高速道路協会公式サイトの金額計算ページによると必要な旅費は以下になります。[*124]

全旅程約840〜860キロ

Aは「最も早く到着するルート（高速道路は854キロ利用）」約8時間11分

Bは「最も経済的なルート（高速道路は無料区間のみ423キロ利用）」約11時間半

●高速利用料金……A＝62・50ユーロ（約8750円）、B＝0ユーロ

●ガソリン代……リッター1・70ユーロ（約238円）として片道A＝111・76

ユーロ（約1万5600円）、B＝112・76ユーロ（約1万5800円）
4人分・片道合計　A＝174・26ユーロ（約2万4千円）、B＝112・76ユーロ（約1万5800円）

格安の飛行機や夜行バス、電車の家族割を使えばよりお安く行ける場合もありますが、総額でこのくらいならと、総合的に車を選ぶ人が多くなるようです。また無料区間であっても高速を使わず、国道でのんびり風景を眺めゆったり途中泊をしながらの車移動を好む人達も、そこそこいます。


バカンス客がぶんぶん走って回している高速道路の経済は、どの程度の規模なのか。高速道路協会が発表している各種報告書から見ていきましょう。*125

フランスの高速道路は国有ですが、その大半が民営化されています。民営化路線は有料が原則で、2021年時点、全国の有料高速道路は全長約921キロ。走行車両の84％は乗用車です。

フランスの高速道路協会に加盟する高速道路管理会社の年間総売上は106億6千

万ユーロ（約1兆4924億円）。コロナ禍の2020年は年間売上が10億ユーロ（約1400億円）下がりましたが、翌年にはコロナ禍前の水準にほぼ戻っています。同協会は月ごとの収益を一般向けには発表していませんが、フランス公共道路情報局（通称ビゾン・フュテ）の公式サイト（https://www.bison-fute.gouv.fr）で年間の道路混雑予想カレンダーを見ると、7月・8月の2ヶ月間に混雑予想が集中しており、高速道路利用車もこの夏のバカンスの2ヶ月に増加するのだと推測できます。

高速の利用料金は年々少しずつ値上がりし、その価格も収益の使い途も、国民から高い関心が寄せられています。たとえば同協会の年次キーデータ報告書では、使い途の内訳が公開されていました。10ユーロの高速料金のうち3・70ユーロが国への税金、2・90ユーロが債務返済や投資家への償還、2・20ユーロが工事やメンテナンス、1・20ユーロが開発やサービスに当てられているそうです。

高速道路の経済効果で私が面白いなぁと思うのは、これが**公共交通機関のインフラ整備代の稼ぎ頭であることです。**高速道路協会が国民の疑問やフェイクな噂に答えて発行した資料「高速道路委託事業への思い込み〜嘘と真実」（なんと涙ぐましいタイトル……！）[*126] には、「高速道路管理会社が他の交通方法に出資している――その真実！」との項目が設けられています。

いわく、2005〜2020年の間、高速道路管理会社がフランス交通インフラ整備出資局に納めた金額は166億ユーロ。それが**同時期の国道整備予算の32％、バス・電車・船舶交通の整備予算の68％をカバーした**そうです。「言い換えると、交通インフラ整備予算の半額は高速利用料金をはじめ高速関連の収益で賄われたことになります。高速道路管理会社は、フランスの公共交通インフラの第1の出資者なのです！」（原文の表現の勢いも伝えたく、そのままを訳しました）。

高速道路は外国人利用者も利用料金を払うので、高速道路協会としては、「国営道路よりも国民負担率を下げることができる」との言い分もあります。地続きで外国からの観光客が車でやってくることの多いフランス、その経済効果は、高速料金にも表れるのです。

2022年のフランスは物価高に悩まされ、夏のバカンス前のメディアでは、例年になく予算の話題が多く上がっていました。政府は同年7月上旬のバカンスシーズン直前に、交通大臣から高速道路管理会社にバカンス中の一時的な対策を要請。業界大手のヴァンシ社は翌日には前向き回答で、**7月14日から9月15日の2ヶ月間、条件付きの値下げを表明しました。**「バカンス小切手を変換した電子カード（日本のＥＴＣカードに相当）で支払う場合、高速料金を10％値下げする」というもの。同業界のサネフ社は同じ期間、バカンス小切手を電子カードに変換した場合、10％のボーナスをつける策を提案しています。どこの会社も「10％」でラインを揃えましたが、値下げするかボーナスをつけるか、方法は分かれました。*127

とはいえ高速料金自体は２０２２年の1年間で平均2％値上がりし、２０２３年２月に向けてさらに平均で４・75％の値上げがある旨が発表されました。*128 消費の全領域を襲うインフレと物価上昇の中、バカンスシーズンだけは特別対応が行われる。フランス社会でのバカンスの重要性を物語る、もう一つのエピソードです。

学校カレンダーも変えるバカンス経済

かように社会で重要視されているバカンスは、フランスでは義務教育の学期構成をも変えてしまう力を持っています。最近では2015年、観光業界の要請から公教育の学校カレンダーが修正されるという（日本人の私にとっては驚きの）出来事がありました。

この学校カレンダーについては、第2章（P98）で軽く解説していますね。夏の2ヶ月間の他、「7週間通学すると2週間の休みが来る」というペースで、フランスの公教育は学校カレンダーを組んでいます。学校休みは子持ち世帯の大人達の年次休暇と家族旅行のプランに直結するので、旅先の混雑と社会の停滞を一度に招かないよう、全国を3つのゾーンに分けて2週間の休みが順番に来る仕組みです。

春休みはキリスト教の復活祭（イースター、フランス語ではパック）に由来しており、毎年4月に設定されます。2009年の学校カレンダー改正ではそれが遅らせられ、4

月下旬に始まり5月中旬まで続くゾーンもありました。

4月はまだ朝晩が肌寒く、山間部では雪が残り、スキーシーズンの終盤です。が、5月といえば気候はもはや初夏。親達の気分は春から夏を待ち望む方向にシフトして、バカンスの行き先もそのムードに即した温暖な地域が好まれるようになりました。そこで異議を申し立てたのが、スキー観光関係者。フランスの人々がスキー旅行に行くのは主に2月の学校休みですが、春休みの日程を1~2週間早めて4月上旬にすれば、スキー客はまだまだいる。学校カレンダーをスキー業界の振興のために変えてほしいと、政治家達に訴えたのです。


メディアでそれが取り上げられたのは2015年2月で、スキー業界ロビイスト(政策活動家)からの要請は、翌2016年春休み日程の決定に向けて行われました。その議論の様子は、ラジオ局ユーロップ1のウェブ記事にまとめられています。*129

ロビイスト達は、夏と冬のバカンスで山岳地帯にはどれだけの差があるかをデータで強調。東部フランスの山間地サヴォア及びオートサヴォアの2地域では、冬に7百万人に及ぶ観光客が、夏には2百万人にしかならず、観光客一人当たりの1日の消費額も冬109ユーロ、夏45ユーロと2倍以上の差があることを示しました。また2009年に春のバカンスが5月まで遅らせられたことで、スキー業界には3％の収益減があった、とも。スキーバカンスは夏のバカンスよりも予算がかかり、地元民以外では高所得者層が多く嗜む傾向があるので、その影響が顕著だったのでしょう。余暇を研究する社会学者ジャン・ヴィアール氏は2017年のテレビ局の取材で、「スキーは社会の上層クラスの人々が、内輪で集うもの」と表現しています。[*130]

そしてフランスの国政に携わるエリート達には、幼少期からスキーバカンスに親しんできた「内輪」層の出身者が多くいます。スキー業界ロビイスト達の訴えは意外なくらいすんなりと、「観光戦略的に重要だ」と好意的に受け入れられました。一方、教育現場や保護者からは**「子ども達の生活と学びのリズムを考えて組まれたはずの学校カレンダーも、結局カネの都合で変わるわけね」**との皮肉の声もあり、私自身も周囲で耳にしています。

報道からほんの2ヶ月後、2015年4月中旬公布の官報では、2016年・2017年の春の学校休みが、前年よりも1週間ほど前倒しになりました。2017

年5月にフランス上院で外務大臣が行った答弁によると、**この学期日程変更により、2016年の同時期のスキー客は2倍に増えたそうです。**[*131]

ポジティブなだけではないバカンスの余波

ここまで主に経済面で、長期休暇とバカンスがもたらす影響を見てきました。**人が休暇で自宅から出るとお金を使う、それが習慣化すると定期的に、大規模な消費が生まれる。**バカンス文化のおかげで回る経済の形とその規模は、このようにデータとファクトに現れます。

ですが光の差すところには影があり、長所と短所はとかく表裏一体なもの。楽しくハッピーなバカンス文化にも、必ずしもポジティブなだけではない余波があります。この章の終わりに、その点にも触れていきましょう。

●バカンスが引き起こす環境問題

フランスのメディアでは、バカンスの期間に使用頻度が上がる表現がいくつかあります。直訳で「黒い日」のジュルネ・ノワール（Journée noire）は、車移動のバカンス客で、道路の混雑レベルが最悪になる日。シャッセ・クロワゼ（chassé-croisé）は「行き違い」や「ちぐはぐな会話」を意味する表現ですが、バカンス期間には都市と観光地を結ぶ道路で用いられ、「これからそこに行くバカンス出発客」と「そこから都市部に戻るバカンス帰宅客」の往来が最も盛んになる日を指します。どちらも数十キロの大渋滞が起こる日で、全国での１日の渋滞総距離は８００～９００キロにも及びます。そこで同時に語られるのが、オゾンによる大気汚染です。

オゾンは車の排気ガスに含まれる成分から発生し、強い日照と気温の上昇によってより発生の反応が起こりやすくなります。呼吸困難をはじめとした健康障害を引き起こす光化学スモッグの原因になる他、植物にも障害をもたらし、２０１０年には軟質小麦の収穫減にも影響があったと言われています。*132 パリは通常から光化学スモッグが起きやすく警報が折々発令されていますが、日照が強く気温も高い夏の交通量の激増は、オゾン大気汚染を悪化させてしまうのです。

その悪影響を少しでも軽減すべく、渋滞の予想される日には、高速道路の最高速度を20キロ減速する、車種により都市を走行できる車の数を制限する、野外の運動を禁止する、呼吸器に問題のある人や高齢者の外出を制限するなどの対策が、県ごとに敷かれています。*133

バカンスによる環境への悪影響がもう一つ、それは海岸部のプラスチックごみの問題です。フランスの環境省にあたるエコロジー移行・地域結束省によると、海洋プラスチックごみの8割は地上から流されたもの。ペットボトルや空き袋、タバコの吸い殻などに、コロナ禍でゴム手袋やマスクごみが加わってしまいました。

この状況を改善するため、国は2021年7月、「プラスチックごみのない海岸憲章」を提唱。2022年7月時点でフランス海岸部の75の自治体首長が賛同の署名をし、中にはニースやカンヌ、ドーヴィル、ビアリッツなど、世界的に知られたビーチリゾートも含まれています。*134

●バカンス・ブルー

「バカンスは働き続けるために必要」「リフレッシュして仕事に戻れる」と、本書のインタビューでは前向きな発言が多く見られました。が、現実には、開放的で楽しいバカンスから仕事の日常に戻ることを、明るい気持ちで受け止められない人もいます。休暇の終わりが悲しくて、鬱々とまでしてしまう……それが「バカンス・ブルー」と呼ばれる現象です。

調査会社ハリス・インタラクティブが2017年6月、フランス在住の成人約1000人に行った聞き取り調査では、その現象が数値化されています。「バカンス最終日に感じること」の選択式質問項目（複数回答）で、回答者の77％が「しっかり休めて元気一杯」と答える一方、49％が「バカンスが終わってしまい憂鬱」の選択肢を選んでいます。働き盛りの50歳以下回答者に限定すると、「憂鬱」と答えた割合は6割を超えるのです。*135

「こういった精神の波は避け難いものです」

この調査結果を取り上げたフランスの全国版民放テレビ局TF1は、精神科医パトリック・アマル氏のコメントを合わせて紹介しています。バカンスの終わりに感じるのは、「**大いなる自由と、自分の思い通りにコントロールできる時間の喪失を嘆く感覚**」であると。バカンス中は仕事そのものだけでなく、日常でうっすら嫌な気持ちにさせる税金や通勤などのストレスも遠くなりますが、休暇の終わりはそれらが一気に戻ってくる……バカンス・ブルーでは、胃のもたれや軽い記憶障害、物忘れなどの症状が見られることもあるそうです。[*136]

また2017年には精神科医ジャン＝ピエール・デブルイユ氏がフランス東部の地方紙でこの件に関するインタビューを受け、「バカンス後の落ち込み症状」について語っています。鬱よりも一時的なバーンアウトに近いもので、男性にも女性にも区別なく見られるというのが、デブルイユ氏の見解です。[*137]

長い休暇の終わりの憂鬱を「ただの気落ち」や「怠け心」と終わらせず、精神科医が症状の一つとしてコメントしているというのもまた、バカンス大国らしいなぁと私は感じてしまいます。それだけ多くの人が、笑い事で済まされないほど、同じような憂鬱に悩んでいるのでしょう。

フランスの大手医療情報サイト「ドクティッシモ」では、精神科医マチュー・ポワロ氏による「バカンス後の憂鬱への対処法」が、次のように紹介されていました。

＊次のバカンスの計画をし、仕事復帰のモチベーションに繋げる。

＊バカンス終了から仕事復帰まで1〜3日時間を取り、ゆっくりする。

＊仕事始めに多くのタスクを入れず、復帰のストレスを減らす。

＊バカンスの思い出を分かち合い、人との繋がりを持つ。

＊なぜ仕事復帰したくないのかを考え、振り返りと現状把握のきっかけにする。

＊スポーツなど、ポジティブなことに意識を集中する。

「バカンスから戻って、次のバカンスまで苦しみ続けるなんてことのないように！」

――対処法の紹介の後、記事はこんな一文で結ばれています。[*138]

フランス社会におけるバカンスの重要性を示すデータとファクトを、サクサクとコンパクトに……と思いつつ、書き連ねていくうちにやはり分量が膨らんでしまいましたね。ここまでお読みくださりありがとうございます。

この章では、フランスで実際に起こっている現象をご紹介しました。ですが私は書き進めながら、もしこれが日本だったら、と考え続けていました。

もし日本に長期休暇の習慣が根付いたら、類似の社会現象や経済効果が期待できるのかしら。全く同じではありえないけれど、日本社会に即した形であれば、どんなものが考えられるだろう？　もし日本で毎年2週間まとまって休めたら、どこに滞在して、どんな時間を過ごしたい？　海かな、山かな、同じ地方の都道府県をめぐるのも良いな。京都や奈良や沖縄に、住むように滞在するのもまた楽しかろうな！　そう想像していくと、ワクワクと心躍りませんか？

次の章ではその可能性を探るため、日本社会に住んで働く方々にお話を伺います。労働法の専門家、首都圏の企業、町工場、経営者や管理職の方々にもご協力いただいています。みなさんそれぞれの立場から、思うところを語ってくださいました。私を通してその方々と意見交換するような心持ちでお読みいただけたら嬉しいです。
さぁ満を持して、本書の最終章です。ページをめくってどうぞ！

第5章

今からできる！法制度と実例から考える日本のバカンス

さぁ最終章です、お疲れさまです！　ここまでの4章、フランスのバカンス文化の歴史、制度、実例、データ&ファクトと、たくさんの情報を読んでいただきました。なかなかの分量がありましたよね。これまでフランスに興味があった方にも、全く関心を持たずにきた方にも、「バカンス大国」のアウトラインを掴んでいただけたことと思います。

が！　**本書の最終目標は「フランスのバカンス文化を知ること」ではありません。それを材料にして、日本社会での長期休暇と働き方・休み方を考えていくことです。**

「はじめに」でも述べたように、**日本でも2019年から、働く人がまとまった日数の休暇を取るべし、との方向で制度改正されています。**ですが実際の運用は、まだ変化の途上。より多くの人が、無理なく休めるようにするにはどうしたら良いのか。良く働き続けるためのバカンス文化を社会に広く根付かせるには、何をすべきなのか――コロナ禍を経て改めて、今こそ、具体的に検討するタイミングがきています。

その手がかりとしてこの章では、2023年の日本で「休める働き方」を実践している方々に取材しました。その中から経営者、管理職、役職なしの会社員、労働法の専門家のお話を取り上げます。
数は多くありませんが、リアルで貴重な証言には、考えのフックが豊富に詰まっています。「ウチの職場なら、私の仕事なら、どうだろう」と、ご自身に引き寄せて読んでくださいね。

フランスと異なる日本の年次休暇制度

まずはここで、日本の年次休暇制度を手短におさらいしましょう。厚生労働省が運営しているウェブサイト「働き方・休み方改善ポータルサイト」の労働者向けページを参照しつつ、加えて、日仏労働法の歴史とその比較研究の専門家である、東京大学社会科学研究所・水町勇一郎教授のコメントを挟んでいきますね。*139

日本の年次休暇は正社員・契約社員・パート社員・アルバイトなど、どんな契約形態でも、次の二つの条件を満たしていれば取得できます。

＊半年間以上、続けて雇われている
＊決められた全労働日の8割以上を出勤している

取得できる日数は「週の労働日数」と「勤続年数」によって変わります（前述のポータルサイトに表でまとまっています）。たとえばフルタイム正社員の場合、4月1日に雇用契約が始まったら、同じ年の10月1日から、10日間の年次休暇を取得できるようになります。これは労働法の最低基準で、会社や契約によってはさらに増えるケースもあります。

みなさんは今の職場での契約と勤続年月で、年間何日間の年次休暇がありますか？もしパッと日数が思い浮かばない方は、パートやアルバイトでも、これを機に確認するのをお勧めします。厚労省は年次休暇の付与日数と残日数を給与明細に記載するのを推奨しているので、まずはお手元の給与明細からチェックしてみてください。

この日本の年次休暇制度は第二次大戦後の1947年、労働基準法の一環で制定されました。施行以来の大きな特徴は、**労働者側が希望する時期・月日に取得できる仕組みです。**なぜそのようになったのか。水町教授は歴史的経緯をこう解説します。

「戦後に労働関係も民主化・近代化をしようと、当時の国際社会での普遍的な基準であった国際労働機関（ＩＬＯ）の条約を参考にして、年次有給休暇制度が取り入れられました。ですが当時のヨーロッパですでに行われていた『雇用主が計画的に時期を指定して、全ての付与日数を義務として消化させる』方法は、当時の日本の状況や労使の意識に合っていないのではとの懸念がありました。そこで、『年休取得を分割可能にしたり、労働者側に請求させる方法にすれば、みんなが年休を完全に取る事態にはならないのでは』と考えられたのです」

それは言い換えれば、**年次休暇を取る・取らないの判断も、労働者個人の意思次第にする、**ということ。雇い主の基本スタンスは「取るも取らないも、どうぞご自由に」です。一見、労働者側に都合の良い仕組みのように思えますが、計画的に休む習慣のなかった労働者が自ら希望するのは難しいもの。ある意味では制度設計側の目論見通りに（クー！）、日本では年次休暇の取得が広がらずにきてしまいました。

「その状況を改善するために、１９８７年の労働基準法改正で、雇用主側が休暇時期を計画する『計画年休』の制度が取り入れられました。が、義務ではなかったので、広く普及はしませんでした」

80年代の労働基準法改正以降も、日本では、以下のような困った状況が定着していました。

＊休みが取れないほど仕事を割り振られても、「休まないのは労働者の自由」とされる。雇用主や管理職に「休暇を取得できないこと」の責任は問われない。

＊同じ社内でも、休める人（部署）とそうでない人（部署）の間で、休暇の取得状況に差が出てしまう。

＊業務量やタイミング的に休まれると困る状況でも、気の強い部下が休暇日程の希望を出したら、押し切られてしまう上司がいる。そのしわ寄せが上司本人や気の弱い部下に偏る。

その対策として2019年に導入されたのが、**「年次休暇10日以上の労働者には、年5日間の休暇を確実に取得させる」という雇い主への義務**です。またその5日間の取得には、労働者の希望を聞きつつ、雇い主が取得時期を指定する「時季指定義務」もセットになっています。1947年には意図的に避けられた「時期を雇い主が決めて、雇い主の責任で取得させる」仕組みが、その後72年の時を経て、部分的に取り入れられたのでした。クー！（2回目）

独立行政法人労働政策研究・研修機構の統計によると、施行後の2020年・2021年には早速、年次休暇の取得率・取得日数ともに向上しています。*140 雇い主に「取らせる義務」を課す休暇の仕組みは、日本でも適用でき、かつ一定の効果があると、数字の実績が示しているのです。

仕組みの不備が不公平と摩擦を生んでいる

「ここ数年は確かに、私が働き始めた90年代よりは、休みが取りやすくなりましたね」

都市圏でサービス業に従事するHさんは、ご自身の実感をそう語ります。事務畑で20年以上、いわゆる「一般職」で経験を重ねてきました。管理職の役職にはありませんが、キャリアの長さと豊富な仕事経験から、同じ職種の後輩達の取りまとめ的な役割を担っています。

Hさんの趣味は旅行で、国内・国外と年に数回は出かけます。長い休みは年に1回、年末年始を絡めた平日5~6日間で年次休暇を取得し、そこに前後の週末4日を足した9~10日間で、アメリカなど遠方まで旅する時に用います。国内やアジアの近場の国には、繁忙期を避けた週末や祝日に、年次休暇を合わせた数日間で訪れます。

「休む日程は部署の同僚達と話し合って決めています。交代で全員が、同じ頻度と日数で取れるようにするんです。誰でも休みたいし、できれば数日まとめて休めたら嬉しいのが当然ですよね。仲間なんだから、誰か一人にしわ寄せがいかないよう、譲り合っていこうと」

部署内で業務を調整し合いながら、同僚全員が同じように休むことができているHさん。ですが同じ社内の違う部署では、Hさん達のような「全員が同じように、譲り合って」が機能せず、問題になっている様子も見聞きしています。

「まわりに一切相談しないで、自分一人でこの日と決めて『家族の事情だから、絶対変えられないんです』と押し切ってしまう人がいるんです。それも毎回、同僚に全く声もかけず、自分の都合だけを押し通す。上司が注意しても聞かないし、注意以上に『休むな』とは、上司も言えないですからね」

　日本の労働法では、多くの人の休みが重なった場合など、「事業の正常な運営」に支障が出る場合は、雇い主や上役が休暇の時期を変更できる「時季変更権」があります。*[141] ですがこれは業務量の多さだけでは適用できず、休暇取得の時期の決定は、あくまで労働者側の権利であるのが原則です。

「本人は『家族の事情』と言えば、誰も反対できないと思っているようです。が、**問題は休む理由ではなくて、『自分だけで決めて押し通す』というやり方。**同じ部署の人達が休めない状況を知らんふりして、いつでもとにかく自分だけが休めれば良い、というのは、会社員の姿勢として問題があると思います」

　この不公平な現状には、新型コロナ禍の休業支援金制度*[142] も影響を与えているとHさんは指摘します。感染防止のための行動自粛期間中、会社は国から支援金が出るこの制度を使って休業したので、社員の年次休暇は1年繰り越しになりました。その結果、社員の多くには年次休暇日数が、使いきれないほど余っている状態なのだそうです。

「せっかくあるんだから使っちゃえ、と**休めるのは気の強い社員ばかり。**うちの会社では、**真面目で気の弱い社員はたまった年休を使えずに、休む人達の尻拭いをしています。**それをコントロールできない仕組みの問題ですよね。そのせいで、休みの不公平も、人間関係の摩擦も生まれてしまっている。本当になんとかしてほしいです」

同僚の間だけで調整するには限度があるし、同じ権利を持つのに「使える人」と「そうでない人」が出てしまうこと自体がおかしい——自主的に同僚と協力して休んできたからこそ、Hさんは問題の所在を強く感じるのでしょう。終始冷静に話しながらも、言葉からは強い憤りが伝わります。

インタビューの最後にフランスのシステム（みんなが取れる・時期は法律のルールに従って雇用主と管理職が決める・取得させる義務は雇用主と管理職にある）について話すと、Hさんはため息まじりにこう言いました。

「やっぱり仕組みですよね。もう日本の職場も全部、そうしたら良いのに」

Hさんのお話から窺えるのは、**「10日間連続の休暇を、部署全員で取れている職場はある」「部署のメンバー次第ではそれも、取れる人と取れない人が出る」**の2点でした。Hさん以外でも、お盆や年末年始周辺の平日5日間＋週末・祝日を絡めた9、10日間は取得できているケースはいくつか見聞きしています。統計上の取得率は、こうした実態に表れるのですね。

日本でもすでにある「みんなが休める」仕組みと運用

では10日連続からもう一声、２週間連続の年次休暇取得を可能にしている職場は、今の日本にあるのでしょうか。あるとしたらその運用を是非取り上げたい、でもどこを、どう探したら良いのだろう……？　思いあぐねていた２０２２年の終わり頃、探しものはスマホ画面の上で突然、見つかりました。サッカーのカタール・ワールドカップの日本代表戦で、**「親愛なるボス、2週間の休暇をありがとう!」**との英文メッセージと日本の国旗を掲げた方の姿を、国際サッカー連盟(FIFA)のSNS公式アカウントがシェアしたのです。

日本のメディアの方々も、おお!? と思われたのでしょう、ご本人やお勤め先のNTT東日本神奈川事業部の方のコメントが、すぐに報道されました。かくいう私も期待に胸を膨らませ、年明けにこちらの会社に取材を打診。すると企画部広報担当の水谷次郎さんが、快くお話を聞かせてくださいました。*143

以下、一問一答形式で再現しますね。

高崎 サッカー・ワールドカップの日本代表戦をきっかけに、御社の休暇制度が話題になりました。実際には、どのように運用されているのでしょう。

水谷 当社では多種多様な休暇制度があり、年次休暇は「ポジティブ・オフ」、休暇中に外出や余暇を楽しもうという考えで運用しています。**夏でしたら毎年6月1日から9月30日を「夏休み期間」と設定して、その間に、部署の全員が最短**

でも1週間連続、できれば2週間連続で休むことを推奨・実践しています。年次休暇とは別に夏季休暇等が全員に5日間与えられていて、それに年間20日間の年次休暇から、各人が希望する日数を組み合わせて取得します。この夏季休暇等は、**事前に部署の全員が休暇取得計画を提出することになっており、上長が業務全体を見て業務の繁閑等を勘案し、必要な調整をした上で部下の休暇取得日を決定します。**

髙崎　取得できる期間と、希望を取りまとめる日程が決められているのですね。

水谷　はい。**休暇の申請と承認は勤務管理の社内オンラインシステムで行います。社員は自分のページのみ、上長は部下全員分を閲覧できるもの**です。管理職にももちろん年次休暇はありますので、課長の休みは部長が、部長の休みは事業部長がと、各上役が管理します。ゴールデンウィークや年末年始など長い休暇もこの形式で全員分の休みを上長がまとめて管理していますが、短い休暇の場合は希望がある都度ごと、直前の申請で取得できます。

髙崎　最短でも1週間連続、できれば2週間連続というと、まとまった期間に欠員が出るということですね。その間の業務はどうなるのでしょう。繁忙期を避ける工夫や、追加の人員補充などはされていますか。

水谷　基本的には、同じ業務課やプロジェクトチームの同僚・上長と分担するやり方です。そのために必要な引き継ぎをしっかりやっていく前提はありますね。業務量と人員の管理はケースバイケースではありますが、**夏休みの2週間程度であれば、先ほどお話しした業務分担の範囲で対応できているのが実情です。**通信インフラ事業ですと、業界的には年度終わり・初めの3〜4月が新生活の引っ越しに伴う繁忙期と言われます。が、当事業部はビジネスユーザーをお客様にしているので、世間的な繁忙期の影響は薄くなっています。緊急対応の故障修理チームはまた事情が変わりますが、全社的な年次休暇の取得率は90・5％（2021年度）です。

髙崎　今の日本の平均取得率が56％なので、かなり高い数字ですね。大半の社員が取得できている、公平な状況が可能になっている理由として、思い当たるところはありますか？

水谷　**事前申請期間を設定しての運用ルールが、公平性の担保に役立っている**のではないかなと思います。あとは組織の幹部が率先して取っていることでしょうか。このポジティブ・オフのやり方は2016年4月から導入されましたが、上の者から実践していこうという意識はそれ以前からありました。

もう昔の話になりますが、NTTグループの成り立ちは、官営で行われてきた電信電話事業が1952年に「電電公社（日本電信電話公社）」に引き継がれたことから始まります。私は現在勤続25年ほどで、新入社員の頃には、他の企業と比較しても福利厚生が手厚い印象でした。ポジティブ・オフの制度はなかったですが、その当時も連続1週間は休めていましたね。

髙崎　休みを大切に考える企業風土があったので、ポジティブ・オフも取り入れやすかったのですね。御社のみなさんは、休暇をどのように過ごされているのでしょう。

水谷 社員の背景も子育てや介護のある人、家族をもつ者、独身者とさまざまで、過ごし方は人により多岐にわたります。ですが今回のカタールのように、遠くまで旅に出られる時間をつくることは可能ですね。みんなしっかりリフレッシュして、休めることのありがたみを知ってくれています。休暇を当然のものとして、いたずらに権利を振り回すことはなく、「お休みをありがとうございます」と感謝する雰囲気です。個人的な印象として、長期休暇後の仕事の勘を取り戻すのに、半日から1日は必要になる感覚があります。

私自身、夏には2週間の休暇を取得しています。1週間は遠出の旅行、もう1週間のうち数日は近場に出かける。2日間くらいは子育てに疲れて、家でゆっくり過ごします（笑）。

髙崎 1週間の旅行となると、滞在としては長丁場です。水谷さんのご家族はどんなところに行かれるのでしょう？

水谷　高校生の子どもがいることもあり、テーマパークや遊園地が好きです。まず大阪のユニバーサル・スタジオ、次の日は三重のナガシマリゾートで遊び、そのあとは近くの名古屋のレゴランドと、連日移動しながらめぐったこともありました。

テーマパークのハシゴ！　この3つの施設は2時間以内で移動できる圏内なので、1週間の期間があるなら、宿泊しながらでも十分余裕を持って回れます。

長い休みとなると海外など遠方に旅することを想定しがちですが、日帰りや1泊プランが定番の国内の観光地を組み合わせてめぐるのも、長期間だからできる旅のスタイルです。春なら桜前線に合わせて1週間かけて日本列島を北上したり、秋なら紅葉の名所を辿っていくこともできますね。日本国内をじっくり満喫できるバカンス、それも良いなぁ……！

なんて、つい楽しげなバカンス・プランに気が向いてしまいましたが、水谷さんのお話で重要なのは、休暇制度の運用ルール。「全員が公平に」「連続1～2週間の休み

を取得すること」を、今の日本社会・法制度でも可能にしていることです。重要なポイントとしては、

＊事前申請期間を設ける仕組み
＊上役から実践していく意識
＊各人の2週間程度の休みであれば、部署内の業務分担で対応できる

の3点が挙げられるでしょう。第2章・3章で見てきたフランスのバカンス実態と、共通点が見出せます。

執行役員に長期休暇取得を「業務命令」した結果

ここまでご紹介した二つのケースは、どちらもサービス業でした。では製造業はどうでしょう。なかでも食品メーカーとなると、取引先は24時間・年中無休営業のコン

ビニやスーパーマーケットが多く、在庫管理には消費期限や賞味期限の制約があります。社員の休暇のために業務をペースダウンさせるのは、素人目にも難しそうです。

でもだからこそ、ここで先進事例を見つけられたらとても参考になるはずだ……！目を皿にして探したところ、その皿に飛び込んできてくれたのは、私の好物のミートボールを作っているメーカーでした。「イシイのおべんとクン」シリーズで知られる、石井食品株式会社です。

石井食品は１９４５年創業、千葉県船橋市の本社に加え、同県八千代市、京都府、佐賀県に工場を構え、日本全国に販路を展開しています。[*144] それだけの売り場に供給し続ける生産体制を維持しながら、年次休暇の社内ポリシーは「最低でも連続で１週間、できれば連続２週間で取得」。２０２２年度の取得率は65％と、全国平均を上回っています。

しかもこの休暇取得のポリシーが始まったのは、ほんの5年前。２０１８年、現社長の石井智康氏が家業を継いだ時からでした。

「従業員の方々のパフォーマンスを最大化し、長く働いてもらうために、長期休暇を定着させたい。そこから年次休暇の取得を各部署ごとに、マネジメント目標として扱うようにしました。**社員達の持続可能な働き方と会社の成長のためには、マストだと思っています。**目指す取得率は8割です」

日本とフランスを繋ぐオンライン取材で実現したインタビュー、画面越しでも信念の強さが十分に伝わる口調と明快な言葉で、石井社長はそう切り出しました。

「有給は消化、できれば長期休暇を取る」を基本として、マネジメントのあり方を考えていくのが、石井社長の思考の順番です。それを具体化するための手法として、ISO（国際標準化機構）の「マネジメントシステム規格」を用いています。

ここで手短に触れますと、ISO規格とは「異なる国の間でも取引をスムーズにし、世界中で同じ品質・同じレベルの商品を提供できるように」と設けられた国際的な基準です。分かりやすい例には、非常口のマークやクレジットカードのサイズ、ネジなどが挙げられます。機構本部はスイス・ジュネーブに所在し、2023年現在では日本を含む167カ国が加盟、基準策定に参画しています。食品安全、ITサービスなど商品《モノ》に関する規格、その商品が生み出される過程での企業活動を標準化する「マネジメントシステム規格」など、現存の規格は2万種類以上にも及びます。*145

「当社が入れているISOマネジメント規格の中に、『マネジメントレビュー』という、各部署の管理職と経営陣との対話のイベントがあります。規格では年1回ですが当社では四半期ごとに行って、部署の目標と進捗状況、現状の報告をし、今後の方向性と対策について合意を取る。その中に、休暇の取得率や残業時間の項目が含まれているのです。目標に対する今期の達成見立てをもらい、至らない場合はその原因をディスカッションします」

休暇の取得率がかんばしくないなら、問題は採用か、業務量か、それ以外の要因か。具体的な対策を部署の特性ごとに考え実行しながら、少しずつ、長期休暇の実行を広めていったそうです。

部署ごとに課題は異なりますが、対策は大きく以下の二つが考えられると、石井社長は分析します。

＊業務量を減らすために、やめることを決める
＊休めない人をなくすために、属人化を解消する

「ＩＳＯ規格の中に『力量マップを作る』工程があります。チーム内で『この力量はこの人しか持っていない』というものがあったら、それは業務が属人化してしまっているということ。その場合は解消を、部門活動の目標に組み込んでもらいます」

そうしてディスカッションと対策を重ねるうち、**年次休暇の取得率は、部署の状態を表す指標としても読める**と気づいたそうです。

「休暇の取得率との関連でよく語られるのは、生産性ですね。ですがそれ以外にも、見えるものがある。取得率が悪いチームは、業務の偏りや属人化、採用、改革がなかなか進まない姿勢など、何かしらの問題を抱えているんです」

なかでも属人化は、休暇の公平な取得を阻害するだけではない、組織運営におけるリスクです。病気や交通事故など不慮の事態はいつ誰にでも起こり得ますが、ある業務を担える唯一の社員がそれを被ってしまった場合、その欠員によって部署は即座に立ちゆかなくなってしまいます。

「社員の誰かが長期でいなくなると、どうなるか。長期休暇はそのシミュレーションにもなります。執行役員やマネージャー陣にはその観点から、必ず長期休暇を取ってください、とお願いしました。**特に執行役員には、いつ取得するのかも明確に決めるよう、業務命令としてプレッシャーをかけた**んです」

「長期休暇を業務命令」した際の執行役員の方々の反応は、石井社長の印象に強く残っています。

「休んでも何をしたら良いのかよく分かりません、と何人かに言われました。執行役員はベテランが多く、休みなしに猛烈に働いてきた世代なので、本気でそう感じていたのでしょう。**でも実際に休んでもらうと、『休暇を取って嫌でした』という人は一人もいなかった。**リフレッシュできました、家族と過ごせました、いろんなことを考えられました……これはこれで確かに良いですね、との反応でした」

石井社長が「最低でも、連続で」と念押ししたことで、１週間連続の休暇を、入社して初めて取得した役員もいたそうです。

「年輩の方にとっては、これまでの仕事の考え方と違うものがやってきている状況です。でもそれを、自分が良しとしてきたものが否定されるようには受け取ってほしくないと、私は願っています。そうして働いてきてくれた先達がいるから、今がある。現代の社会状況や経済状況に即した新しいチャレンジと考えていただくために、しっかりとコミュニケーションをとっていきたいのです」

一方、長期休暇に及び腰になる姿勢は、若い世代にも見られました。特に休暇が取りにくいのは営業部や物流部です。取引先には年中無休のスーパーマーケットが多く、出荷は毎日、休みなく行われていました。

「そこでも問題のポイントはやはり属人化で、得意先を熟知している営業職からは、1週間休むのは長すぎる、という声もありました。ですが**担当者が1週間不在になった程度で信頼が壊れて売り上げが激減する取引先とは、そもそもその関係性に課題があるのではないでしょうか?** マネジメントレビューでは、そうした方向での対話も行いました」

属人化への対策として石井食品では、主担当と副担当を設けるペアワークを推奨しています（第2章で取り上げた、フランスの方々も複数人での担当制にしていましたね）。

システムを改善しながら、四半期ごとのレビューを細やかに丁寧に重ねた結果、昨年には営業部から「年末年始の出荷を止める」という挑戦が提案されました。

「これは営業部にはかなり勇気のあるチャレンジですが、部門目標として設定してくれたんです。とてもありがたかったですね。賞味期限と在庫管理を工夫し、取引先の方々のご協力を仰ぎながら、販売を続けられる状況を作ってくれた。売上はそこまで下がらず、休暇の取りにくい部署の社員達にも、年末年始に休んでもらえました」


時間をかけて対話をし、マネジメント層や現場社員とともに、着実に「まとまった休暇」の普及を進めている石井社長。その行動の原動力に、二つの思いがあります。

一つは前職の外資系の総合コンサルティング企業で感じていたこと。夏やクリスマスに2週間ずつごそっと休む海外の上司のもと、石井社長も、プロジェクトの谷間で長めに休む経験を重ねました。

「2週間のまとまった休みを取れると、こんなに良い効果があるのかと実感しました。**1週目でたまった疲れが取れて、2週目からは、人生や仕事についていろいろ考えられる。**ビル・ゲイツ氏が読書休暇を取って話題になりましたが、その意味が分かります」

もう一つは、休める働き方の理想として見ているドイツから得た発想です。日本に似て「勤勉」な国民性と言われ、製造業が強いこの国でも、人々は夏に1ヶ月の休暇を謳歌しています。**ドイツでできるなら、日本でできないはずはない**――石井社長はそう信じています。

社長業で多忙な現在、脳内は四六時中稼働し、採用面談で週末に働くことも多々。シングルファーザーとして幼いお子さんを育てる日々では、出社しているほうが楽だと感じることも。それでも夏は2週間の休みを必ず取れるように調整し、冬も1週間は休めるようにせねばと念じているそうです。

「そうしないと煮詰まっちゃったり、体がキツくなるので」

そんな石井社長の休暇の過ごし方は、田園地帯にある自宅での畑仕事やDIY。コロナ禍で行けなくなっていた音楽フェスも恋しく、お子さんと一緒にフジロックに参戦できる日を心待ちにしています。

インタビューの最後、石井社長に一つの問いを投げかけました。日本はゴールデンウィーク、お盆、年末年始の大型連休に休暇が集中しがちですが、製造業でまとまった休暇となると、やはりこの時期に偏らざるを得ないでしょうか？

「**前もって決めていれば、どこの時期でもやりくりはできると思います。**逆に弊社ではそれをしないで、期末締めの直前にみんなの休暇希望が重なってしまったことがありました。**先に年間で計画して、工夫するのが大事ですね**」

それはまさに本書の第2章・3章でフランスの方々が語っていたことと同じ……！　休暇のマネジメントの黄金ルールは国境を超えるのだなぁと、しみじみ感銘を受けた次第でした。

「休暇イコール売上減少」の町工場で実現した、年間休日120日

日本での「休める働き方」の事例を探索する中、私には一つのジレンマがありました。一介のライターがリサーチする範囲で見つかる好例は、従業員300人以上のいわゆる大企業、しかもオフィスワーカーの方々に偏ってしまうのです。今の日本で休

める働き方をしているのは、資本力と体力のある大企業ばかりなのか？

ですが**日本には367万以上もの企業・事業所が存在し、その99・7%は従業員300人未満の組織です。**[*146]「休める働き方」を実現しているのは、たった0・3%の大企業だけではないはず。中小企業でも先進的な取り組みを実現しているところはあるに違いない、99・7%のうちに必ず……！

たとえば日本の高度経済成長を支えてきた町工場ならどうだろう？　焦点を絞って探してみたら、ありました。1968年創業、50年間以上にわたり埼玉県で精密機器加工業を行っている、株式会社栗原精機です。不躾な取材依頼にも快くお返事くださり、2代目社長の栗原稔さんにインタビューできました。

栗原精機の従業員は加工製造の職人が約15名、総務や経理など間接業務を担う社員が5〜6名。1日8時間労働（休憩1時間）・週休2日を原則とし、お盆や年末年始を含め年間休日120日を確保しています。残業はありますが、月平均5日で合計10時間ほど。[*147]大企業のオフィスワーカーなみ、もしくはより良い勤務条件で、2億円台後半の年商を上げています。

町工場は一般的に下請け業務が多く、作業時間がそのまま売上に直結します。事業と売上を維持するために長時間労働になりやすく、栗原精機の勤務時間・休日日数は、異例といえるものです。そしてそれは、2代目の栗原社長が意図して変えてきた体制でした。

「完全週休二日に移行できたのは、ここ1年ほどです。私が父親から社長業を継いで20年経ちましたが、就任した当初の休日は日曜日と祭日のみの週休1日で、残業も1日3時間が普通。いかに多く働いてもらって生産量を上げるか、というやり方でした。私自身も職人で、何時間でも機械に触っていたいと思うたちです。休みを増やすための取り組みは、遅かった。隔週で取り入れるなど、時間をかけて移行しました」

栗原社長が働き方と休み方を変えた大きなきっかけの一つが、2019年に施行された働き方改革関連法でした。それでも最初は「我々のような会社にはそもそも無理」との印象を抱いたと言います。

「働いた時間が売上に直結する会社では、ただの絵に描いた餅だと思っていました。その一方で、やらなければならないことだとも分かっていた。私は今、息子の3代目社長にマネジメントを引き継いでいますが、**会社を次世代に続けるには、このままの形で渡すわけにはいかない**と思っていたんです」

将来に向けて、会社のあり方そのものを変えていくべく着手した。栗原社長は穏やかにそう語りますが、長時間労働が定着した町工場の業界で、社長自身も長年その働き方をしてきた一人です。「このままではいけない」「変えなければ」と腹落ちするまでに、どんな思いや考えの経過があったのでしょう。

「あくまで『うちはこうだった』という話ですが……もし何も変えなくても向こう30年40年、100年と揺るがず存続できる基盤があるなら、私も何もしなかったと思います。**ですが私達は技術を扱う会社で、常に向上していかなければ取り残される。**景気の波にも左右される中、父も私も変革を繰り返してきました。今、社会で働き方改革というキーワードがあるなら、自分達もそれに向かっていくのが必然と、考えざるを得なかったんです」

とはいえ作業時間が売上に直結する利益構造では、ただ従業員の労働時間を減らすだけでは、会社の利益が落ちて事業を危機に晒してしまいます。**人の働く時間を削減しても、会社としてプラスにしていくにはどうしたら良いか。**そこで栗原社長が手がけたのが、次のような「機械への設備投資」と「利益構造の改革」でした。

24時間稼働してきた工場で、人の働く時間を削減したい。

←

機械に設備投資し、夜間の作業を自動化。人が働くのは日中だけとする。

←

機械の設備投資は多額なので（多い時で年間1億円以上！）、人を機械に置き換えただけでは利益は上がらない。

←

時間単位の売上高を上げるためには、製品自体の付加価値を上げる必要がある。

そしてこの「製品自体の付加価値の向上」の挑戦に、チャンスの時期が訪れます。

それは２０２０年の新型コロナ禍。一般的には製造業に大打撃を与えた、景気のピンチ期です。

「取引先工場の多くがストップしてしまい、我々の下請け仕事もこなくなりました。

売上は50%ほどダウンしましたね。ですが行政が雇用を守る施策を打ってくれたので、それらの補助を受けてなんとかリストラはせずに済んだ。社員のみんなにも我慢してもらいながら、**空いた50%分の時間と設備を使って、製品開発や営業活動に力を振り分けたんです**」

50年近く続けてきた請負の加工を休む分、自社製品や共同開発製品に着手。それを自社で販売するところまで視野を広げます。2023年初頭の取材時では、コロナ禍で中断していた請負事業も7〜8割まで回復し、会社全体の売上がコロナ禍前の130%ほどになっているそうです。

「ピンチの時は変えるチャンス、というのは実は、以前にも経験していました。リーマンショック（2008年）の際にも売上の落ち込みが70%ほどあり、そこから設備投資をして、V字回復できた。その経験から、コロナ禍では設備投資だけではなく、製品や人員の開発に費やして、プラスに繋げられました」

自社製品の開発と販売の効果は、利益構造の改革だけではなく、社員のモチベーション向上にもなっていると栗原社長は感じています。

「自分達の作った製品をお客さんがどのように使っているか、反応を見られるようになり、それが社員達の前向きな気持ちに繋がっている。同じ仕事をやっている社員も、3〜4年前とは顔つきが変わっている実感があります」

今ではツイッターで「働き方　町工場」で検索すると、企業公式と社長のアカウントが上位に見られるようになった栗原精機（実は私もこうして探しました）。ですがその道のりは、決して平坦ではありませんでした。

「私自身が、24時間働けるなら働くのが当たり前、多く働くのが美徳という世代です。この世代（栗原社長は1960年代前半生まれ）特有の考え方、それを**自分自身で変えなくてはならないのが一番苦しかった。**若い世代とベテランのギャップに悩み、解決策を見つけられずに、苦い経験もたくさんしました。ですが**変わらなければならないのは、やはり上の世代なんです。**自分の体を壊してしまったことも、一つの大きなきっかけでした」

変革にあたり栗原社長は、外部のコンサルタントや経験者の知見を求めました。そのうち取り入れたのは、人事管理や人材育成をシステム化していくこと。そこに頼りすぎてはいけないが、最低限の仕組みを作る必要性に気づいたと語ります。

「3代目に引き継いだことで、今の若い世代の考え方が分かったこともあります。自分一人では、気づけなかったでしょう。**気持ちの面でも充実できる仕事の仕方を作っていくのが経営者の仕事**だと、3代目とはたくさん話をしています」

現在の栗原精機の年次休暇の取得日数は、人によってばらつきがありつつ、最低10日間。お盆と年末年始の休暇も、ここ1~2年は確保しています。平均的な年間休業日は前述の通り120日ですが、年次休暇を取得して130日の人もいます。

「休みに対する考え方の違いは、人によってありますね。それでも有給休暇を取りにくい雰囲気はなくなりました。**以前の職場では休むことに後ろめたさがありましたが、今は休暇の過ごし方の話が盛り上がったり、旅先で見つけたお菓子を配り合ったり。休み明けの社員を迎える側も楽しそうです**」

これまであまり休まず働いてきたベテラン職人達も、気がつくとさりげなく休暇を取得していたり。社長自身は総務系の部署にスケジュール管理を任せ、最近はちゃんと休めているそうです。

「それでも休みの考え方は、もしかしたら私が一番進んでいないかもしれない」

苦笑しながらも、その口調はとても穏やかでした。

「業務時間＝売上」の定着した環境で、休める働き方に変えていくにあたり、栗原社長が語った重要点は以下の3点でした。

＊社会に取り残されず会社を次世代に繋げていくために、働き方改革は必要なものと受け入れる
＊社員の休みを増やすだけではなく、それが会社にもプラスになるように、利益構造から変えていく
＊苦しくとも変わらなければならないのは上の世代

栗原社長の言葉には、毎日現場で手を動かし従業員の顔を見てマネジメントする経営者ならではの、切実なリアリティが滲んでいます。改革が必要と言うはやすし、会社の業績が従業員の生活を直に左右する中小企業で、変化を牽引するには、どれだけの葛藤や心身の労苦があったことでしょう。

それでもトップが決断し、マネジメントを改善すべく行動すれば、働き方も利益構造も変わる。今の日本でも変えられる。変えている人々がいる。

ここまで読んでくださった中小企業の経営者・管理職の方々の中には、事業の転換期を今まさに迎えている読者もいらっしゃるかもしれません。難しい局面に挑まれる中、この章で語られた言葉が、少しでも励ましや発想の転換のきっかけになりますように。本書で繋がったご縁を通して、心からのエールを送ります。

制度と意識を少しずつ変えて、より休みやすい社会に

2023年の日本で「休める働き方」を実践している方々を取り上げた5章も、あっという間に30ページを費やしてしまいました。変革に取り組むための発想から具体的なノウハウまで、伺ったお話を最大限、詰め込んで書きました。いかがでしょう？　みなさんの職場や働き方でヒントになるトピックが、一つでも見つかりましたでしょうか。

フランスからの遠隔取材で届く範囲だけで、これだけの事例がある。日本全国津々浦々には、他にもたくさん、知るべき・聞くべきケースが満ちていることでしょう。全部を聴きに行けたらなぁ……！　本書の取材を通して、私は日本のこれからの働き方・休み方に、大きな希望を抱きました。

この日本の前向きな変化は、労働法制についてインタビューした水町教授も語っていました。そしてさらなる変化のために、必要なものがあると。

「2019年の労働法改正で、年次休暇の5日間の付与を罰則つきで雇用主の義務にしたことで、取得実態は中小企業を含めてかなり改善しています。ですが年次休暇はある意味輸入された制度で、労使の意識まで定着するには時間がかかる。今後これを10日、15日と延ばしていくためには、中長期的な法制度改正と意識の変化が必要です」

法制面では、雇用主の年次休暇付与義務の範囲を増やしていくこと。それにより、フランスのような「この期間に2週間連続で与える」仕組みの義務化が、段階的にできていく可能性があります。

また現行の日本の年次休暇は取得の目的を問わないため、余暇に使われる意識が薄くなっていると水町教授は指摘します。そこから病気や家族事情のために年次休暇をキープする心理が、労働者側に生まれてしまっているのです。

「**病気など、余暇以外の私的事情の休業制度を別に整えることが、もう一つの大切なポイントです。**病気休業や家族事情の休業の仕組みが別にあるヨーロッパ諸国では、労働者は年次休暇をバカンス、つまり余暇時間のために心配なく使えています」

実際にフランスでは年次休暇とは別に、病気休業（arrêt maladie）という専用の制度があり、その間は国の医療保険から休業日あたりで所得手当が補填されます。*148 補償額は給与全額相当ではないものの、この制度があるため、年次休暇を病欠のリスクと切り離して考えられるわけです。そういえばフランスの企業でサラリーマンをしている私の家族や知人も、この本で取材してきた方々も、年次休暇の配分にはバカンスだけを考慮していました。それは「他の理由で休む必要がある時に、年次休暇以外の休業制度がある」からなのです。

意識面で求められる変化は、**「お店は閉めても良い」と消費者が受け入れること、**と水町教授は語ります。

「今は働き方改革に加えて人手不足もあるので、24時間営業をやめたり、お正月も元日だけではなく三が日に休業するところも出てきていますね。消費者の利便のために何がなんでもお店を開けなくても良い、という意識が、少しずつ浸透している表れではないかと感じます」

営業しているということは、そこで誰かが働いているということ。経営者が営業日時を減らす判断をするには、消費者でもある私達の側に、「そこで働く誰かが休めるために、数日は消費をできない日があっても良い」との認識が共有される必要があります。行きたい日にお店が閉まっているかもしれないし、頼みたい時にサービスを得られないかもしれない。でもまぁ仕方ないか、あの人にも休みが必要なのだものな。お休み明けまで待っていよう……そんな一人一人のポジティブな許容が、今後の日本の働き方・休み方のために欠かせないのです。

「消費者が少し我慢しても、みんなが適切に働けるような環境であるほうが良い。その意識が醸成されていくことが、法改正を進めるチャンスになっていくのです」

「休暇で経済を回す」を日本でやるなら

お店が閉まって消費が発生しないことを、経済活動の停滞と見る人もいるでしょう。そこで思い出してほしいのは、本書の第3章で取り上げたパン職人・クルテイユさんの言葉です。休暇の間、従業員達はバカンスに出て、滞在費や飲食費を使っている。**自分が休みを与えることで、国内の他の部分で消費を起こし、経済を回しているのだ**――日本でもこのように、経済の循環を国や業界を超えて俯瞰し、**誰かの休暇が別の場所で消費に繋がる仕組みと慣習を作る**方向を、考えていけないでしょうか？

だからといって、この夏から突然「日本もみんなで2週間の旅行に行こうぜ！」と、フランス式のバカンスを期待することはできません。社会にない習慣を作るのには時間がかかる、フランスですらそうだったことは、第1章で見てきました。日本社会の現状で「休暇でさらに経済を回す」には、どんな方法があるでしょう。

たとえば、日帰り旅行を1泊に、1泊旅行を2泊にと、**「これまでしてきた旅行を1日長くする」ことから始めるのはどうでしょう。**

第4章でも参照した「令和4年版観光白書」によると、2021年の日本の国内宿泊旅行者は延べで約1億4177万人、日帰り旅行者は約1億2644万人。*149 日本の国内旅行は日帰りが多く、過去9年間の統計を見ても、宿泊旅行者数とは大差ありません。この日帰り旅行者が1泊すれば、それだけで、宿泊消費の単純増加が見込めます。また同じ土地に1日長く宿泊したら、その土地の飲食業・レジャー業で消費される機会も、1日分増えるはずです。

この「1日長く旅行する」提案のもとには、日本で生まれ育った私自身の実体験があります。私は埼玉県育ちで、実家の家族との旅行は「日帰りか1泊」が暗黙の了解になっていました。日帰りの範囲は東京都内、九十九里浜や大洗海岸など隣接県の海辺（ああ埼玉は海なし県）、鎌倉や横浜中華街などの観光地。1泊の範囲は熱海、伊豆、鬼怒川などの温泉地、もしくは箱根や秩父や軽井沢などの山間地が定番です。1泊以上の宿泊はお盆の時、新潟の父の実家への帰省ばかりでした。

1泊旅行であれば午前のうちに目的地に移動して、午後はお宿周辺の散策、夕食は旅館で摂ってそのまま泊まり。翌日は軽く観光をしてお土産を買って、お昼に地元料理を食べてから帰宅するのがお決まりの旅程でした。その慣習は私がフランスに移住した後も帰省のたびに続き、フランス人の夫と子どもとともに来日するようになってからも、家族旅行は当然のように「日帰りか1泊」。ところがある年、夏の帰省で2回目の熱海旅行を計画していた際、夫がこう言ったのです。

「今年は熱海に2泊しようよ」

「えっ？　なんで？」

夫の申し出に、私は思わずそう答えました。熱海は1泊で行く場所だと思い込んでいたので、本当に意味が分からなかったのです。夫は夫で私の反応に面食らいながら、「1泊じゃもったいないよ。もっと行きたいところもやりたいこともあるのに」と続けました。

熱海湾にある初島に行きたい。漁師の食堂でお昼を食べて島内を散歩して、アスレチックパークで遊ぶだけで半日は必要。旅館と駅前の商店街だけではなくて周辺の博物館も観たい。浜遊びもしたいし、夜は地元の居酒屋さんでも食べてみたい……それは夫がネットで検索して作った「熱海でしたいこと」のリストでした。夫がそうして調べていたのも意外でしたが、さらに驚くべきことには、何度も訪れている熱海で、私はそれらを一つもやったことがなかったのです（熱海のみなさんすみません！）。

その年は夫の希望通り2泊プランを敢行、それは歴代の熱海旅行の中でも、一番充実して記憶に残るものでした。旅館の豪華なお夕食をお腹いっぱい楽しむ宵も、海の幸自慢の居酒屋で地元のお客さんに混じって気になるメニューに舌鼓を打つ晩酌も、一度の旅で両方できた！　なんて贅沢なんだ……旅の後にそう満悦の体でいると同時に、それまで日帰りや1泊で訪れていた旅先を、少し残念な気持ちで思い返しました。

朝焼けが綺麗と言われた浜、電車の時間が合わずに諦めた陶芸体験、景色は良いけれど距離が長すぎて選ばなかったハイキングコース。迷いながらあとで戻りますねと言いつつ、結局時間切れで諦めた民芸店の草木染め。全部はめぐれないからとルートから外し、行き逃してしまった神社仏閣。

それらはもう1泊していれば、すべて体験できていた。振り返って寂しく思い残す代わりに、慕わしい思い出を抱けていたであろうものでした。

働き方と同時に、休み方を支援する国に

この「1泊長く滞在する」案は全力でお勧めしたいのですが、ネックとなるのが宿泊費。日本は欧州と異なり、宿代が部屋単価ではなく宿泊人数の単価なので、家族旅行となると1泊の延長だけで一気に経費が数万円上がってしまいます。我が家も日本では同じクラスの宿には連泊できず、1泊目は食事付きの旅館、2泊目はお手頃なホテルに素泊まりです。

そこで行政にご提案したいのが、年次休暇を使った旅での連泊支援プランです。同じ旅程で同じ自治体に2泊以上するならば、宿泊費の一部が支援されるような制度を設けるのはいかがでしょう？

ヒントは第1章でご紹介したラグランジュ・チケット。20世紀の初め、自宅から出たがらない労働者達にバカンスを過ごさせるために、フランスの政治家が「出発駅から200キロ以上離れた場所に行く場合」と条件をつけて電車賃の割引プランを作っ

たアレです。

「まとまった期間を休ませる」ために「その期間の滞在費を支援する」。長期休暇取得と観光による地域振興を、一挙両得で推進できる策ではないでしょうか？

（観光経済学の専門家の間では、すでにこのような試算があるかもしれませんね。ご存知の方がいらしたら是非教えてください）


個人的な経験から素人が私見を述べましたが、伝えたいのは「働き方と同時に、休み方を支援する」ことの必要です。**長期休暇は怠けでも経済の停滞でもなく、国家的な仕組みによって、労働者の生活の充実と、観光面での経済振興に繋げられる。**そのためには「国民にとって、こんな社会であってほしい」というビジョンと、そのビジョンの実現を後押しする制度設計が不可欠。そうして社会を変え、バカンス文化を根付かせたフランスの実例を、本書で記してきました。

より良く休み、働ける社会は、日本にも作れる。

フランスが可能にしたことを、日本でできないはずはない。

本書を書き進むとともに深まった思いは、この章で日本の方々の声を聞き、確信に変わりました。近い将来、日本はもっと働きやすく、休みやすい国になるでしょう。みんなが公平に休めて、お互いに感謝し合い、次の休暇を心待ちに励まし合える職場が増える。労働者が充実した休暇を過ごすことによって、国内経済は観光消費が活発になる。長期滞在が広がることで、これまでにない新しいサービスとそのための雇用が、観光地で生まれることもあるでしょう。

未来を楽しく想像しつつ、そこまでの道程で本書が少しでも役に立つことを願いながら、筆をおきます。ここまでお読みくださり、ありがとうございました。

最後は景気づけに、フランス式の休暇の前のご挨拶をいたしますね。

Bonnes vacances!

おわりに

知りたい、調べたい、伝えたいと何年も思い続けた題材に全力で取り組んだ、この本の制作期間。それはワクワクと心躍り、そして時にしんどい時間でした。

ワクワクが尽きなかった理由は、私自身がまず読者として読みたい、知りたいと願っていたから。「はじめに」でも綴ったように、私はバカンス大国に住みながら、なかなか長期休暇を取れずにきた人間です。日本で身についた「休むこと」への引け目や不安、罪悪感は私の内に根強く残り、本書を書き進むうち、ようやくそれが氷解する手応えを感じてきました。読者の中には私のように、頭では分かっていても手放せない抵抗感を抱える方がきっといるだろう。働き方・休み方を再考する材料を、私とともに得てくれるだろう。そうでありますように——そんな、どこか「祈り」に近いような心持ちで、原稿用紙に向かっていました。大袈裟な言い分ですが！

取材先の方々が揃って前向きで、休むこと・働くことについて惜しみなく話してくださったのも、とても楽しい時間でした。これまでフランスでさまざまな取材をしてきましたが、取材先の全員がこれほどの熱量・分量・善意で語るテーマは、他になかったように思います。まだまださらに多くの、異なる職業の方々に聞いて回りたかったです。聞けば聞くほど面白いのだろうなぁ……！

またフランスの歴史に関する第1章では、『フランスのバカンス　1830年から現代まで』著者のアンドレ・ローシュ氏、『労働社会の変容と再生――フランス労働法制の歴史と理論』著者の水町勇一郎氏に、ことのほかご助力を賜りました。水町先生には第1章の歴史監修に加え、第5章でもインタビューをお受けいただき、感謝の念につきません。お話は個人講義もかくやの面白さで、仕事を忘れて聞き入ってしまいました。

そして終盤の第5章、日本での事例を教えてくれた方々の発想や言葉が、フランスで見聞きしたそれと見事に共鳴した時には、文字通り鳥肌が立ちました。特に強く心が震えたのは、石井食品株式会社の石井社長がこう話した時です。

「育児休業も介護休業も長期休暇も、休みたい時に休める制度は、誰にとってもありがたいものだと思うのです」

それは「休めない人」を極力作らないよう、工夫を凝らしてきたフランスで、何度も見聞きしたフレーズでした。休む理由はそれぞれ、でも休みが必要であること自体は、あらゆる人に共通するのだと。

歴史や文化は違えど、人が働く・休む・生きる営みには通じるものがある。社会が、言葉が違っても、人は時に同じことを同じように考える。広くて狭い地球に生き、違っていながら通じ合う人間達が、改めて不思議に、慕わしく思えた一幕です。

しんどかった点も記録として残しておきますと、書籍化がなかなか進まなかったことでした。これは面白い本になる！　との確信のもと企画書を練り上げてから半年間、順々に打診して採用されなかった出版社は4社に上りました。4社なんて少ないと感じる方もいるでしょう、ですがその4社とも、編集者の方々はみなさんとても乗り気で、上層部の判断に至ったところでNGになる……の繰り返しだったのです。

どの社も誠実に検討した上で不採用の理由を伝えてくださり、それなりに納得のいくものでしたが、編集現場の反応が良かった分、「出版に値しない」との上層部の判断が切なかった。そしてこの現実がまさに、現代の日本が『休暇のマネジメント』を必要としていることの象徴ではないか？　と感じ、書籍化への決意をますます固くした次第でした（編集者の方々、その節はありがとうございました。いただいたお言葉とご関心のおかげで、心折れずに前を向き続けることができました）。

その状況が好転したきっかけは、テキストＳＮＳのツイッターです。もともとツイッターで見知らぬ人々とやりとりをするのが好きだった私は、ひょっとしてここで良い出会いがあるかも？　ええいダメ元よと、企画書の１ページ目を公開してみたのです。「ご興味のある編集者さんはいませんか！」と逆公募のような呼びかけにいち早く応えてくださったのが、営業部での経験が豊富な編集者、山崎悠里さんでした。

メッセージ交換からのオンラインご対面を経て、「この本を読みたいです。作りましょう」と、淡々とかつ力強く語ってくださった姿は、一生の記憶に残ると思います。有言実行であっという間に企画を通してくださった時の感激たるや……！　その後も心強いお仕事ぶりに支えられ、何の不満も不足も思い返せないほどスムーズに、執筆を進められました。山崎さん、ありがとうございます。この本はあなたとだから、こうして形にできました。

「ＯＫＩＫＡＴＡ」の山之口正和さん・齋藤友貴さんには、データの多い内容をスタイリッシュに、かつ見やすくデザインしていただきました。ありがとうございます！
校了ギリギリまで細かい文字修正を担ってくださった図書印刷株式会社の方々にも、この場を借りて御礼申し上げます。

最後にこの楽しくしんどい一期一会の体験を、愛と信頼と笑顔で伴走してくれた家族達へ。本当にありがとう。これからますます充実のバカンスをともに過ごし、良い思い出をたくさん作っていきましょう。
桜の季節に逝った母に、本書を捧げます。お母さん、本ができたよ。

２０２３年春寒

高崎順子

ユーロップ1／AFP通信「2020年、バカンスに出たフランス人は減少した」2021年3月
Europe1 avec AFP, “Les Français sont moins partis en vacances en 2020”, mars 2021
https://www.europe1.fr/societe/les-francais-sont-moins-partis-en-vacances-en-2020-4032310

フランス国民教育・若者省 「学校カレンダーのアーカイブ」 2022年11月閲覧
Ministère de l'Education Nationale et de la Jeunesse, “Les archives du calendrier scolaire”, consulté en novembre 2022
https://www.education.gouv.fr/les-archives-du-calendrier-scolaire-12449

以上

https://www.jean-jaures.org/publication/les-francais-et-les-vacances-quelles-inegalites/

フランス政府 「マティニョン協定の署名」 1936年7月1日
Gouvernement.fr, “Signature des accords Matignon”, le 7 juin 1936
https://www.gouvernement.fr/partage/8727-les-accords-matignon-du-7-juin-1936

フランス労働総同盟リヨン支部 「有給休暇のミニヒストリー」 2019年7月
CGT Ville de Lyon, “La petite histoire de congés payés”, juillet 2019
https://www.cgtvilledelyon.fr/la-petite-histoire-de-conges-payes/

鈴木宏昌 「フランスのバカンスと年次有給休暇」 日本労働研究雑誌625号 2012年8月号
https://www.jil.go.jp/institute/zassi/backnumber/2012/08/pdf/045-054.pdf

水町勇一郎「労働社会の変容と再生―フランス労働法制の歴史と理論」有斐閣 2001年11月

一般財団法人自治体国際化協会パリ事務所「フランスにおける地域の交通政策」クレア・レポート487号 2019年10月11日
https://www.clair.or.jp/j/forum/pub/docs/487.pdf

国土交通省「令和3年版観光白書」 国土交通省観光庁
https://www.mlit.go.jp/statistics/content/001408963.pdf

総務省「令和4年版情報通信白書」内『資料編』 データ3・日本の産業別名目GDPの推移およびデータ4・日本の産業別実質GDPの推移 2023年1月閲覧
https://www.soumu.go.jp/johotsusintokei/whitepaper/ja/r04/pdf/01siryou.pdf

西川了一「フランスの高速道路政策」 公益財団法人高速道路調査会 2023年1月閲覧
https://www.express-highway.or.jp/info/document/rpt2011004.pdf

フランス経済・財務・産業及びデジタル主権省企業局「2018年、フランスの観光消費の成長が確実となった」 企業局4ページ報告第91号 2019年12月
Ministère de l’économie et des finances, la Direction générale des Entreprises, “La croissance de la consommation touristique en France se confirme en 2018”, Les 4 pages de la DGE, No91, décembre 2019
https://www.entreprises.gouv.fr/files/2020-01/croissance-de-la-consommation-touristique-4-pages-dec-2019.pdf

引用以外の参考資料（順不同）

ジャン＝ジャック・ベケール「1914年から1940年のフランス　共和国の困難」フランス大学出版局　クセジュ　P69-P104　2005年
Jean-Jacques BECKER, "La France de 1914 à 1940. Les difficultés de la République" Presses Universitaires de France, « Que sais-je ? », 2005, P69-104
https://www.cairn.info/--9782130542667-page-69.htm

ジュヌヴィエーヴ・クラストル「観光大国フランスのヴァカンス事情」ル・モンド・ディプロマティーク日本語版　2021年9月号
https://jp.mondediplo.com/2021/09/article1219.html
Geneviève CLASTRES, "Vacances pour tous, une utopie qui s' éloigne", Le Monde diplomatique, juillet 2021
https://www.monde-diplomatique.fr/2021/07/CLASTRES/63298

ルネ・モッセ「1931年人口調査によるパリの人口」パリ統計協会ジャーナル75号　P152-P168　1934年
René MOSSÉ　"La population de Paris d' après le recensement de 1931"
Journal de la société statistique de Paris, tome 75 (1934), P152-168
http://www.numdam.org/item?id=JSFS_1934__75__152_0

グザヴィエ・ヴィーニャ『20世紀フランスの労働者の歴史』「1・動く世界（1900－1939）」P13～63　2012年
Xavier VIGNA, (2012). 1. Un monde en mouvement (1900-1939). "Histoire des ouvriers en France au XXe siècle", Perrin. 2021, P13-63
https://www.cairn.info/histoire-des-ouvriers-en-france-au-xxe-siecle--9782262040499-page-13.htm?contenu=article

シャルル・ラファン、アティス・イルディズ「1975年以来、年間労働時間は350時間減っているが、勤務時間はより不規則かつより監督されている」フランス国立統計経済研究所　「観点：フランス社会の40年の発展」2019年
Charles RAFFIN, Hatice YILDIZ (Dares), "Depuis 1975, le temps de travail annuel a baissé de 350 heures, mais avec des horaires moins réguliers et plus contrôlés", INSEE "Éclairage: Quarante ans d' évolutions de la société française", France, Portrait social, édition 2019, Insee Références
https://www.insee.fr/fr/statistiques/4238439?sommaire=4238781

ジェローム・フルケ、ダヴィッド・ンギュイエン、シモン・ティロ「フランス人とヴァカンス：どんな不平等が？」IFOP・ジャン＝ジョレス財団・UNAT　2019年7月
Jérôme FOURQUET, David NGUYEN et Simon THIROT,"Les Français et les vacances : quelles inégalités ?", sondage IFOP pour l' UNAT et la Fondation Jean-Jaurès, Paris, juillet 2019

*144

石井食品株式会社「会社情報」 2023年2月閲覧
https://www.ishiifood.co.jp/corp-group.php

*145

国際標準化機構「私達について」 2023年2月閲覧
International Organization for Standardization, “About us”, consulted in february 2023
https://www.iso.org/about-us.html

一般財団法人日本品質保証機構 「ISOの基礎知識」 2023年2月閲覧
https://www.jqa.jp/service_list/management/management_system/

*146

総務省・経済産業省「令和3年経済センサス―活動調査 速報集計」「結果の概要」 2022年5月31日
https://www.stat.go.jp/data/e-census/2021/kekka/pdf/s_outline.pdf

*147

株式会社栗原精機「採用情報」 2023年2月閲覧
http://www.kurihara-seiki.co.jp/~corp/recruit/index.html

*148

フランス政府公益情報サービス「病気休業：サラリーマンに付与される休業日手当」 2023年2月閲覧
Service-public.fr, “Arrêt maladie : indemnités journalières versées au salarié”, consulté en février 2023
https://www.service-public.fr/particuliers/vosdroits/F3053

*149

国土交通省「令和4年版観光白書」「第I部　観光の動向」 P16　出典は*87と同

https://www.tf1info.fr/societe/rentree-5-conseils-pour-surmonter-le-blues-du-retour-au-travail-apres-les-vacances-2096677.html

***137**
フィリップ・リベ「バカンスの憂鬱の一撃」 レスト・レピュブリカン 2017年7月
Philippe RIVET, “Le coup de blues des vacances”, L' Est-Républicain, juillet 2017
https://www.estrepublicain.fr/sante-et-medecine/2017/07/09/le-coup-de-blues-des-vacances

***138**
アナベル・イグレシアス「バカンス帰りの憂鬱とどう闘うか」 ドクティッシモ 2019年9月
Annabelle IGLESIAS, “Comment lutter contre le blues du retour de vacances” , Doctissimo, septembre 2019
https://www.doctissimo.fr/psychologie/depression/deprime/lutter-contre-le-blues-du-retour-de-vacances

***139**
厚生労働省「働き方・休み方改善ポータルサイト」「労働者の方へ」『年次有給休暇とは』 2023年2月閲覧
https://work-holiday.mhlw.go.jp/kyuuka-sokushin/roudousya.html

***140**
独立行政法人労働政策研究・研修機構「早わかり　グラフでみる長期労働統計」『図4　年次有給休暇』 2022年10月20日
https://www.jil.go.jp/kokunai/statistics/timeseries/html/g0504.html

***141**
年次有給休暇の時季変更権　労働基準法第39条5項　2023年2月閲覧
https://elaws.e-gov.go.jp/document?lawid=322AC0000000049

***142**
厚生労働省「新型コロナウイルス感染症対応休業支援金・給付金」 2023年2月閲覧
https://www.mhlw.go.jp/stf/kyugyoshienkin.html

***143**
NTT東日本神奈川事業部　2023年2月閲覧
https://www.ntt-east.co.jp/kanagawa/

*133

ル・モンド「過熱気味の道路の“黒い土曜日”、大気汚染を抑制するための制限規制」 2020年8月
Le Monde, “Samedi noir sur les routes en surchauffe, des mesures contraignantes pour limiter la pollution”, août 2020
https://www.lemonde.fr/planete/article/2020/08/08/samedi-noir-sur-les-routes-en-surchauffe-des-mesures-contraignantes-pour-limiter-la-pollution_6048477_3244.html

フランス公益サービス情報「大気汚染のピーク時にも車を運転できますか？」 2021年6月
Service-Public.fr, “Peut-on rouler en cas de pic de pollution ?”, juin 2021
https://www.service-public.fr/particuliers/vosdroits/F10332

*134

フランス政府「プラスチックごみのない海岸憲章」 2021年7月23日
Gouvernement.fr “Une charte pour préserver les plages de la pollution par le plastique”, 23 juillet 2021
https://biodiversite.gouv.fr/actualite/une-charte-pour-preserver-les-plages-de-la-pollution-par-le-plastique

フランスエコロジー移行・地域結束省「プラスチックごみのない海岸：エコロジーの模範となる自治体のための憲章」 2022年5月17日
Ministère de la transition écologique et de la cohésion des territoires, “Plages sans déchet plastique : une charte pour les communes éco-exemplaires”, le 17 mai 2022
https://www.ecologie.gouv.fr/plages-sans-dechet-plastique-charte-communes-eco-exemplaires

*135

ハリス・インタラクティブ、ベランブラ・クラブ「フランスの人々とそのバカンス観」 P19 2017年6月
Harris interactive/Belambra clubs, “Les Français et leur perception des vacances”, P19, juin 2017
https://harris-interactive.fr/wp-content/uploads/sites/6/2017/07/Rapport-Harris-Francais-vacances-Belambra.pdf

*136

ヴィルジニー・フォールー「バカンス：仕事に戻るときの憂鬱をどう乗り越えるか？」 フランス全国版民放テレビ局TF1 2022年8月
Virginie FAUROUX, “Vacances : comment surmonter le blues du retour au travail ?”, TF1Info.fr, août 2022

2023
https://www.service-public.fr/particuliers/actualites/A16201

*129

ガブリエル・ヴェドレンヌ「スキー場を活性化させるために学校カレンダーを変えるのか？」 ユーロップ1　2015年2月
＊「活性化させる」の表現には、原文では「ドーピング」と同じ単語が使われています
Gabriel VEDRENNE,“Le calendrier scolaire modifié pour doper les stations de ski ?”, Europe1, février 2015
https://www.europe1.fr/economie/Le-calendrier-scolaire-modifie-pour-doper-les-stations-de-ski-936312

*130

フランスアンフォ（ラジオフランス） 「スキーバカンスは社会の上層の人々の内輪のものであり続けている」 フランス公共放送　2017年2月
Franceinfo (Radio France), “Les vacances au ski restent “un entre-soi des classes supérieures”, francetvinfo.fr, février 2017
https://www.francetvinfo.fr/decouverte/vacances/les-vacances-au-ski-restent-un-entre-soi-des-classes-superieures_2064715.html

*131

フランス上院公式サイト「山岳ツーリズムのための学校カレンダー改正の経済的影響」 2017年5月11日上院官報（P1698）で公表された外務及び国際開発大臣の答弁
Sénat,“Impact économique de la réforme du calendrier des vacances scolaires pour le tourisme de montagne”, Réponse du Ministère des affaires étrangères et du développement international, publiée dans le JO Sénat du 11 mai 2017 - P1698
https://www.senat.fr/questions/base/2015/qSEQ150415575.html

*132

フランス工業環境・危機研究所（INERIS）「オゾンの大気汚染：その解読」2023年1月閲覧
INERIS, “Pollution atmosphérique à l’ ozone : décryptage”, consulté en janvier 2023
https://www.ineris.fr/fr/risques/dossiers-thematiques/qualite-air/qualite-air-ambiant/pollution-atmospherique-ozone
＊日本語では以下にオゾンの影響の解説があります
国立研究開発法人国立環境研究所公式サイト「オゾンが植物に及ぼす影響を明らかにする」 環境儀No.67　2017年12月28日
https://www.nies.go.jp/kanko/kankyogi/67/04-09.html

pour lutter contre l' hémorragie de main-d' oeuvre", France 3 Occitanie, janvier 2022
https://france3-regions.francetvinfo.fr/occitanie/herault/montpellier/covid-l-hotellerie-restauration-augmente-ses-bas-salaires-pour-lutter-contre-l-hemorragie-de-main-d-oeuvre-2426728.html

*123
ユーロップ・アシスタンス／イプソス「バカンス・バロメーター2022」P60　出典は*99と同

*124
フランス高速道路協会「旅の準備をしましょう」 2023年3月閲覧
ASFA, "Préparez votre voyage / Itinéraires", consulté en mars 2023
https://www.autoroutes.fr/fr/itineraires.htm

*125
フランス高速道路協会「2022年キーデータ」 2022年7月
ASFA, "Les Chiffres clés 2022", juillet 2022
https://www.autoroutes.fr/fr/publications/chiffres-cles.htm

*126
フランス高速道路協会「高速道路委託事業への思い込み〜嘘と真実」P13　2021年9月
ASFA, "Les idées reçus sur les concessions autoroutières en France-Faux/Vrai", P13 , septembre 2021
https://www.autoroutes.fr/FCKeditor/UserFiles/File/ASFA_IDEE_RECUE_SEPT_2021.pdf

*127
オドリック・ドゥーシュ「数社が高速料金の値下げを表明、しかし全利用者にではない」 オートモービル・マガジン電子版　2022年7月　記事内にヴァンシ社報道発表のリンクあり
Audric DOCHE,"Plusieurs sociétés annoncent une baisse des péages, mais pas pour tout le monde", Automobile magazine, juillet 2022
https://www.automobile-magazine.fr/economie-politique/article/34841-vinci-autoroutes-annonce-une-baisse-des-peages-mais-pas-pour-tout-le-monde

*128
首相府行政法制情報局「高速料金：2023年、平均で4.75%の値上げ」 フランス公益サービス情報　2023年2月
Direction de l' information légale et administrative (Premier ministre), "Prix des péages : une hausse moyenne de 4,75 % en 2023", Service-Public.fr, février

*117
クラブ・メッド「プレス発表資料」 2022年9月
Club Med, Communiqué de presse, septembre 2022
http://corporate.clubmed/wp-content/uploads/2022/10/Communique-de-presse-Club-Med-1er-semestre-2022-.pdf

*118
フランス経済・財務・産業及びデジタル主権省・企業局「フランスのツーリズム分野の雇用」 2022年3月更新
Ministère de l' économie, des finances et de la souveraineté industrielle et numérique, la Direction générale des Entreprises, "L' emploi dans la filière touristique française", mis à jour en mars 2022
https://www.entreprises.gouv.fr/fr/tourisme/conseils-strategie/l-emploi-dans-la-filiere-touristique-francaise

*119
ステファン・デュリウー、パスカル・エウゼビオ、ダヴィッド・レヴィ、プロヴァンス・アルプス・コート・ダジュール地域圏「ツーリズムにより100万の雇用が生まれている」 Insee プレミア1555号　表4a・4b　フランス国立統計経済研究所　2015年6月
Stéphanie DURIEUX Pascal EUSEBIO, David LEVY, direction régionale de Provence - Alpes - Côte d' Azur, Insee, "Un million d' emplois liés à la présence de touristes"　Insee Première No 1555, Figure 4a et 4b, juin 2015
https://www.insee.fr/fr/statistiques/1283777

*120
フランス職業安定所「季節労働契約」 2023年1月閲覧
Le Pôle Emploi, "Le contrat saisonnier", consulté en janvier 2023
http://plmpl.fr/c/BKxFf

*121
ANFEA(全フランス就農・農業研修労使協会、団体名は筆者和訳) 「農業の季節労働」 2023年1月閲覧
ANEFA, "Emploi saisonnier d' agriculture", consulté en janvier 2023
https://www.anefa.org/qui-etes-vous/travailleurs-saisonniers-en-agriculture/chiffres-cles/

*122
ファブリス・デュボー「新型コロナ：人員の出血を止めるため、ホテル＝レストラン業界は賃金をベースアップする」 フランス公共放送3オキシタニー　2022年1月
Fabrice DUBAULT," Covid: L' hôtellerie-restauration augmente ses bas salaires

*111

フランス全国野外宿泊業者協会「2022年プレスキット」 2023年1月閲覧
Fédération nationale de l' hôtellerie de plein air, "Dossier de presse 2022", consulté en janvier 2023
https://fnhpa-pro.fr/presse-2/

*112

出典は*111と同

*113

ウェスト・フランス「ツーリズム。テント市場は2020年より再浮上している」 2022年8月
Ouest-France, "Tourisme. Le marché de la tente a redécollé depuis 2020", août 2022
https://www.ouest-france.fr/economie/tourisme/tourisme-le-marche-de-la-tente-a-redecolle-depuis-2020-03e00b94-fd45-11ec-8493-b559deb42848

*114

フランス経済・財務・産業及びデジタル主権省・企業局「バカンス村」 2022年7月更新
Ministère de l' économie, des finances et de la souveraineté industrielle et numérique, la Direction générale des Entreprises, "Les Villages de vacances", mis à jour en juillet 2022
https://www.entreprises.gouv.fr/fr/tourisme/conseils-strategie/villages-de-vacances

*115

家族バカンス村「私達について」 2023年1月閲覧
VVF(Villages Vacances Familles), "Qui sommes-nous?", consulté en février 2023
https://www.vvf.fr/vvf-qui-sommes-nous.html

*116

サラ・カイヨー「セザール映画祭名誉賞を得るル・スプレンディッド劇団の6つの不遇のエピソード」 ウエスト・フランス 2021年3月
Sarah CAILLAUD, "Six anecdotes méconnues sur la troupe du Splendid qui va recevoir un César d' honneur", Ouest-France, mars 2021
https://www.ouest-france.fr/leditiondusoir/2021-03-12/six-anecdotes-meconnues-sur-la-troupe-du-splendid-qui-va-recevoir-un-cesar-dhonneur-114db720-8c60-4db7-8e0f-ee7873de4113

***106**

インテージ「予算『増やす』約３割〜今年の夏休みは‘らしさ’回復の兆し！」2022年７月
https://www.intage.co.jp/news_events/news/2022/20220712.html

***107**

フランス国立統計経済研究所「フランス経済表―ツーリズム」 2023年1月閲覧（データは2021年度）
Insee, “Tableau de bord de l’économie française-Tourisme”, consulté en janvier 2023
https://www.insee.fr/fr/outil-interactif/5367857/tableau/70_SAC/77_TOU

***108**

フランス政府法令検索サイト「ツーリズムホテルのランク付プロセスと規定を定める2021年12月29日の法律」 2023年1月閲覧
Légifrance “Arrêté du 29 décembre 2021 fixant les normes et la procédure de classement en hôtels de tourisme”, consulté en janvier 2023
https://www.legifrance.gouv.fr/jorf/article_jo/JORFARTI000044966360

フランス政府法令検索サイト「キャンプ場・キャラバン場・余暇レジデンスのランク付プロセスと規定を定める2019年4月10日の法律」 2023年1月閲覧
Légifrance, “Arrêté du 10 avril 2019 fixant les normes et la procédure de classement des terrains de camping et de caravanage et des parcs résidentiels de loisirs”, consulté en janvier 2023
https://www.legifrance.gouv.fr/loda/id/JORFTEXT000038365204

フランス政府法令検索サイト「家具付きツーリズム賃貸物件のランク付プロセスと規定を定める2010年8月2日の法律」 2023年1月閲覧
Légifrance, “Arrêté du 2 août 2010 fixant les normes et la procédure de classement des meublés de tourisme”, consulté en janvier 2023
https://www.legifrance.gouv.fr/loda/id/LEGITEXT000022719996

***109**

出典は*107と同

***110**

文部科学省スポーツ庁「体育・スポーツ施設現況調査　年次統計」 平成30年度
政府統計の総合窓口 e-Stat　2023年１月閲覧
https://www.e-stat.go.jp/stat-search/files?page=1&toukei=00402101&tstat=000001088795

responsables? - Les français et le budget vacances", août 2022
調査結果へのリンクは以下URLの末尾にあり
https://www.sofinco.fr/sofinscope/budget-vacances-ecoresponsables-des-francais-2022.htm

*99

ユーロップ・アシスタンス／イプソス「バカンス・バロメーター2022」 2022年6月
Europ asistance/IPSOS, "Baromètre des vacances 2022", juin 2022
https://www.ipsos.com/fr-fr/boom-des-departs-en-vacances-trois-francais-sur-quatre-ont-lintention-de-partir-cet-ete

*100

出典*95、*96および以下の調査結果より筆者作成
調査C コンフィディス／CSAリサーチ「フランス人の夏のバカンス予算」 2022年6月
Confidis / CSA Reserch, " Le budget des Français pour leurs vacances d' été", juin 2022
https://www.cofidis-group.com/2022/06/24/budget-vacances-dete-2022-les-francais-se-serrent-la-ceinture/

*101

社会保障・家族手当掛金回収連合「法定最低賃金」 2023年2月閲覧
Urssaf, "Le Smic", consulté en mars 2023
https://www.urssaf.fr/portail/home/taux-et-baremes/smic.html

*102

ジョアン・サンチェス＝ゴンザレス、エレオノール・スアー(フランス国立統計経済研究所)「2020年民間セクターの賃金」 Inseeプレミア1898号 2022年4月
Joan SANCHEZ GONZALEZ, Éléonore SUEUR(Insee), "Les salaires dans le secteur privé en 2020", Insee Première No 1898, avril 2022
https://www.insee.fr/fr/statistiques/6436313

*103

出典は*98と同 P13

*104

出典は*98と同 P14

*105

出典は*83と同 P19

2021,P7
http:// journals.openedition.org/tourisme/3899

*94
ユーロップ・アシスタンス／イプソス「バカンス・バロメーター2019」 2019年6月
Ipsos/Europ Assistance, “Baromètre des vacances d' été 2019”, juin 2019
https://www.europ-assistance.fr/fr/partenaires/media-room/publications/barometre-des-vacances-ete-europ-assistance-ipsos-2019

*95
マチルド・ヴィセリアス「ツーリズム：フランス人がサマーシーズンを救った」ル・フィガロ 2021年8月
Mathilde VISSEYRIAS, “Tourisme: Les Français ont sauvé la saison estivale”, Le Figaro, août 2021
https://www.lefigaro.fr/conjoncture/tourisme-les-francais-ont-sauve-la-saison-estivale-20210825

*96
メラニー・シャサール、アリス・メンゲネ（フランス国立統計経済研究所）「2019年から2020年、フランスの観光消費は三分の一減少した」 Insee フォーカス262号 フランス統計経済研究所 2022年2月
Mélanie CHASSARD, Alice MAINGUENE(Insee),“La consommation touristique en France chute d' un tiers entre 2019 et 2020”, Insee Focus No262, février 2022
https://www.insee.fr/fr/statistiques/6204889

*97
国土交通省「令和4年版観光白書」「第I部 観光の動向」P17 「日本国内における旅行消費額」 国土交通省観光庁 2022年9月
https://www.mlit.go.jp/statistics/content/001512919.pdf

フランス国立統計経済研究所「観光国内消費」キーナンバー 2022年11月
Insee, “Consommation touristique intérieure”, Chiffre-clef, novembre 2022
https://www.insee.fr/fr/statistiques/2015846#tableau-figure1
国内客による年間旅行消費額を総人口で割ると、日本は一人当たり約17万6000円、フランスは約23万8800円。

*98
ソファンコ／オピニオン・ウェイ「フランス人とバカンス予算 2022年：フランス人は環境に配慮できる旅行者か？」 2022年8月
Sondage Opinionway pour SOFINCO, “Les Français ont-ils des vacanciers

https://wttc.org/research/economic-impact

*86

国土交通省「観光白書」国土交通省観光庁　2023年1月閲覧
https://www.mlit.go.jp/statistics/file000008.html

*87

国際観光収入ランキング(2020年)
国土交通省「令和4年版観光白書」「第I部　観光の動向」P5　国土交通省観光庁　2022年9月
https://www.mlit.go.jp/statistics/content/001512919.pdf
アメリカが1位728億米ドル、フランスは326億米ドルで世界2位、日本は107億米ドルで世界15位。

*88

国際観光支出ランキング(2020年)
出典は*87と同　P6
中国が1位1305億米ドル、ドイツが2位389米億ドル、アメリカ3位358米億ドル、フランス4位278米億ドル

*89

世界の外国人旅行者受入数ランキング(2020年)
出典は*87と同　P4
フランス4000万人で世界トップ、日本は412万人で世界21位

*90

出典は*85と同

*91

出典は*86と同

*92

世界旅行ツーリズム協議会「経済影響報告(スペイン)」　2023年1月閲覧
出典は*85と同じ。

*93

ガエル・シャレロン、サスキア・クザン、セバスチャン・ジャコ「ツーリズムの危機とバカンスの抵抗。パンデミック期のレジャー移動の習慣と価値観」7ページ　ツーリズムの世界20号『ツーリズムとパンデミック』　2021年12月
Gael CHAREYRON, Saskia COUSIN et Sébastien JACQUOT, “Crise du tourisme et résistances des vacances. Valeurs et pratiques des mobilités de loisirs en période de pandémie”, Mondes du Tourisme [En ligne], 20 ¦ 2021, décembre

Le Figaro, “Contre les investisseurs étrangers, le Sénat allège la fiscalité sur les successions pour les viticulteurs et agriculteurs”, le 19 novembre 2022
https://www.lefigaro.fr/conjoncture/contre-les-investisseurs-etrangers-le-senat-allege-la-fiscalite-sur-les-successions-pour-les-viticulteurs-et-agriculteurs-20221119

*82
セルヴィス・ド・ランプラスモン「第1回代替派遣員コンクール」プレスキット P5 2022年9月
Service de remplacement, Dossier de presse de “Concours des agents de remplacement” Page5, septembre 2022

*83
イフォップ（ジャン＝ジョレス財団、フランスツーリズム連合、屋外活動とツーリズムの非営利団体連合の合同委託）「フランス人のバカンス」 P42 2022年5月
Ifop pour la Fondation Jean-Jaurès, l’ Alliance France Tourisme et l’ Union Nationale des Associations de Tourisme et de plein air “Les vacances des Français,” P42, mai 2022
https://www.jean-jaures.org/wp-content/uploads/2022/07/Enquete-Vacances.pdf

*84
フランス経済・財務・産業及びデジタル主権省・企業局「フランスのツーリズム分野の雇用」 2022年3月15日更新
Ministère de l’ économie, des finances et de la souveraineté industrielle et numérique, la Direction générale des Entreprises, “L’ emploi dans la filière touristique française”, mis à jour le 15/03/2022
https://www.entreprises.gouv.fr/fr/tourisme/conseils-strategie/l-emploi-dans-la-filiere-touristique-francaise

メラニー・シャサール、アリス・メンゲネ（フランス国立統計経済研究所）「2019年から2020年、フランスの観光消費は三分の一減少した」 Insee フォーカス262号 フランス統計経済研究所 2022年2月
Mélanie CHASSARD, Alice MAINGUENE(Insee),“La consommation touristique en France chute d’ un tiers entre 2019 et 2020”, Insee FocusNo 262, février 2022
https://www.insee.fr/fr/statistiques/6204889

*85
世界旅行ツーリズム協議会「経済影響報告(フランス、日本)」 2023年1月閲覧
World Travel&Tourisme Counsil, Economic Impact Reports(France, Japan)

https://cfdt-journalistes.fr/la-convention-collective-nationale-des-journalistes/

*76
ピジスト・フランス民主労働総同盟「年次有給休暇、13ヶ月目、社会権」 2022年12月閲覧
Cfdt :Pigistes, “Congés payés, 13e mois et droits sociaux”, consulté en décembre 2022
https://cfdt-pigistes.fr/vos-droits/les-conges-payes-et-13e-mois/

*77
農林水産省「諸外国・地域の食料自給率等」 2022年11月閲覧
https://www.maff.go.jp/j/zyukyu/zikyu_ritu/013.html

*78
フランス国立統計経済研究所「フランスの企業　2022年版・雇用」 P99　2022年12月
Insee, “Les entreprises en France-Emploi” Edition 2022, Insee Références, P99, décembre 2022
https://www.insee.fr/fr/statistiques/6667157

*79
オリヴィエ・シャルドン、イヴ・ジョノー、ジョエル・ヴィダレンク（フランス国立統計経済研究所雇用部門）「農業従事者：より数は少なく、より男性が多い」 Inseeフォーカス212号　2020年10月
Olivier CHARDON, Yves JAUNEAU, Joëlle VIDALENC (division Emploi, Insee), “Les agriculteurs : de moins en moins nombreux et de plus en plus d' hommes”, Insee Focus No 212, octobre 2020
https://www.insee.fr/fr/statistiques/4806717

*80
C. ソヴラン、J-D クロラ、N. ブラン、M.デリエ、T.　マルタン、V.　リウフォル、H・ヴァグネ　「フランス農業の現状、テール・ド・リアン年報2022」 P8　テール・ド・リアン　2022年2月
C.SOVRAN, J-D CROLA, N.BLIN, M.DESRIERE, T.MARTIN, V.RIOUFOL, H.WAGNER, “État des terres agricoles en France, Rapport de terre de liens 2022”, P8, Terre de Liens, février 2022
https://ressources.terredeliens.org/les-ressources/etat-des-terres-agricoles-en-france

*81
ル・フィガロ「外国人投資家に対抗し、上院がワイン生産者・農家の相続に関する税負担を軽減」 2022年11月19日配信

LEGISCTA000006149828/

*70

フランス国民議会「2023年度社会保障財源法案274号」 第2章「医療ケアへのアクセス強化」第25条「医療機関への医療人材の一時的派遣について」 2022年9月法案提出（2022年11月現在審議中）
Assemblée Nationale, Projet de loi de financement de la sécurité sociale n° 274 pour 2023, Chapitre II, article 25
https://www.assemblee-nationale.fr/dyn/16/textes/l16b0274_projet-loi#D_Article_25

*71

企業口コミサービスの一例　2022年11月閲覧
https://en-hyouban.com/company/00004980215/18/

*72

ジャーナリスト・フランス民主労働総同盟「フランス・ジャーナリスト労働協約」 2022年11月閲覧
Cfdt-Journalistes, “La Convention Collective de travail des journalistes”, consulté en novembre 2022
https://cfdt-journalistes.fr/la-convention-collective-nationale-des-journalistes/

*73

フランスジャーナリスト組合「フランスジャーナリスト組合観測：ジャーナリストの労働条件のテクノロジア、2022年調査報告」P7　2022年10月
Syndicat National des journalistes, “Baromètre SNJ - Technologia sur les conditions de travail des journalistes- Enquête publiée en 2022”, P7, octobre 2022
https://www.snj.fr/
＊上記リンク先のサイト、右柱の“A la une”よりPDFリンクあり

*74

ピジスト・フランス民主労働総同盟「ピジストの雇用契約とは？」 2022年12月閲覧
Cfdt :Pigistes, “Quel contrat pour les pigistes?”, consulté en décembre 2022
https://cfdt-pigistes.fr/etre-pigiste/quel-contrat-pour-les-pigistes/

*75

ジャーナリスト・フランス民主労働総同盟「フランス・ジャーナリスト労働協約」 第31条　2022年12月閲覧
Cfdt-Journalistes, “Convention Collective de travail des journalistes”, consulté en décembre 2022

https://www.worktolive.info/blog/bid/191788/increase-productivity-take-a-vacation
＊ジョー・ロビンソン氏はワークライフバランスとストレスマネジメントを専門とするビジネスカウンセラー、著者

シアン・ベイロック「なぜあなたはバケーションを取らねばならないか：科学的裏付けのある三つの理由」 フォーブス 2021年8月
Sian BEILOCK, "Why You Need To Take A Vacation: Three Science-Backed Reasons", Forbes, August 2021
https://www.forbes.com/sites/sianbeilock/2021/08/02/why-you-need-to-take-a-vacation-three-science-backed-reasons/?sh=68e39e28543a

フランス語版フォーブスでの翻訳記事タイトルは「チームの休暇取得を奨励し、ビジネスの生産性を向上させよう」 フォーブス 2022年8月
"Encouragez votre équipe à prendre des vacances et augmentez la productivité de votre entreprise !", Forbes France, août 2022
https://www.forbes.fr/management/encouragez-votre-equipe-a-prendre-des-vacances-et-augmentez-la-productivite-de-votre-entreprise/

メンタルヘルスとバカンスの関係を研究したスウェーデン・ウプサラ大学の社会経済学者テリー・ハーティグ教授らの論文
テリー・ハーティグ、ラルフ・カタラーノ、マイケル・K・オング、レオナルド・サイム「ヴァケーション、集団回復、集団のメンタルヘルス」 2013年10月
Terry HARTIG, Ralph CATALANO, Michael K Ong, Leonard SYME, "Vacation, Collective Restoration, and Mental Health in a Population" , Society and Mental Health, October 2013
https://www.researchgate.net/publication/273610507_Vacation_Collective_Restoration_and_Mental_Health_in_a_Population

***67**

全国保育協議会「会員の実態調査 報告書（2021年度）」 P55 2022年7月
https://www.zenhokyo.gr.jp/cyousa/r04_07/kaiin2021.pdf

***68**

出典は*1と同

***69**

フランス政府法令検索サイト「フランス刑法典」第2冊・第2編・第3章・第223条－1第三者を危険に晒す行為 2022年11月閲覧
Légifrance, Code pénal, Livre II-Titre II-Chapitre III-Article 223-1 "Section 1: Des risques causés à autrui", consulté en novembre 2022
https://www.legifrance.gouv.fr/codes/section_lc/LEGITEXT000006070719/

*63

2022年9月現在、プロディア社の工場製造ラインの一ポストの場合。職務や派遣会社によって、割り増しの係数は変わるそうです。

*64

フランス公益サービス情報「一時労働契約（派遣契約）について」 2021年8月
Service-Public.fr, “Contrat de travail temporaire (intérim)”, août 2021
https://www.service-public.fr/particuliers/vosdroits/F11215

フランス公益サービス情報「有期限契約の終了について」 2021年11月
Service-Public.fr, “Fin d’ un contrat à durée déterminée (CDD)”, novembre 2021
https://www.service-public.fr/particuliers/vosdroits/F40

*65

フランス国立統計経済研究所「フランスの企業　2022年版・雇用」 P99　2022年12月
Insee, “Les entreprises en France-Emploi” Edition 2022, Insee Références, décembre 2022, P99
https://www.insee.fr/fr/statistiques/6667157

*66

労働生産性における休暇の効能に関する記事のリンクをいくつかご紹介します。

アニー・カーン「バカンスは健康、そして……生産性！」 ル・モンド　2017年7月
Annie KAHN, “Les vacances c’ est la santé… et la productivité !”, Le Monde, juillet 2017
https://www.lemonde.fr/idees/article/2017/07/07/les-vacances-c-est-la-sante-et-la-productivite_5157018_3232.html

リサ・フライ「人々が休暇を取るほどビジネスに良い」 SHRM　2018年6月
Lisa FRYE, “More People Are Taking Time Off, and That’ s Good for Business”, SHRM, June 2018
https://www.shrm.org/resourcesandtools/hr-topics/employee-relations/pages/workers-taking-more-vacation-.aspx
＊SHRMはアメリカの人事マネジメント職組織

ジョー・ロビンソン「生産性を上げたければバカンスを取りなさい」 2022年11月閲覧
Joe ROBINSON, “Increase productivity, Take a vacation.” consulted in november 2022

Ordre National des Infirmiers, "Le code de déontologie des infirmiers (publié le 27 novembre 2016), octobre 2021
https://www.ordre-infirmiers.fr/deontologie/publication-du-code-de-deontologie.html

***57**

出典は*34と同

***58**

フランス国立統計経済研究所「フランスの企業　2022年版・企業のカテゴリー」P80-P81　2022年12月
Insee, "Les entreprises en France-Catégories d' entreprises", Edition 2022, Insee Références, décembre 2022, P80-P81
https://www.insee.fr/fr/statistiques/6667157

***59**

「フランスの中古不動産市場―ファクトとデータ」 スタティスタ　2021年3月
"Le marché immobilier de l' ancien en France - Faits et chiffres", Statista, mars 2021
https://fr.statista.com/themes/7042/le-marche-immobilier-de-l-ancien-en-france/#topicHeader__wrapper

***60**

フランス政府法令検索サイト「フランス公衆衛生法典」第5部・第1冊・第2編・第5章L5125-22条「調剤薬局」 2023年3月閲覧
Légifrance, Code de la santé publique, Cinquième partie, Livre 1er, Titre II, Chapitre-5, Article L5125-22　" Pharmacie d' Officine" , consulté en mars 2023
https://www.legifrance.gouv.fr/codes/article_lc/LEGIARTI000021940858/2010-02-26

***61**

リュック・シャイヨ「夏季営業：パン屋はもう命令通りに動かない」 ル・ドフィネ　2015年8月
Luc CHAILLOT, "Ouverture estivale : les boulangers ne sont plus menés à la baguette", Le Dauphiné, août 2015
https://www.ledauphine.com/economie-et-finance/2015/08/11/ouverture-estivale-les-boulangers-ne-sont-plus-menes-a-la-baguette

***62**

プロディア社提供の元図表より筆者が複製

ウェストWeb版　2022年5月
Pascal RABILLER, “Piscine privée : en France, ce marché nage en plein bonheur”, Sud-Ouest, mai 2022
https://www.sudouest.fr/economie/conso-distribution/piscine-privee-en-france-ce-marche-nage-en-plein-bonheur-10980423.php

***53**

エリザベット・アルガヴァ、キリアン・ブロッシュ、イザベル・ロベール＝ボベ「2020年の家族：25％がシングル親世帯、21％が多人数世帯」 Inseeフォーカス249号　フランス国立統計経済研究所　2021年9月
Élisabeth ALGAVA, Kilian BLOCH, Isabelle ROBERT-BOBEE (Insee), “Les familles en 2020 : 25 % de familles monoparentales, 21 % de familles nombreuses”, Insee Focus No249, septembre 2021
https://www.insee.fr/fr/statistiques/5422681

***54**

フランス公益サービス情報「従業員の日常休養時間」 2022年9月閲覧
Service-Public.fr, “Repos quotidien du salarié”, consulté en septembre 2022
https://www.service-public.fr/particuliers/vosdroits/F990

***55**

パリ公立病院連合（通称AP-HP）の救急専門対応について　2023年3月閲覧
Assistance Publique - Hôpitaux de Paris, “Pour les professionnels : les urgences spécialisées qui nécessitent d’être adressées par un médecin”, consulté en mars 2023
https://www.aphp.fr/pour-les-professionnels-les-urgences-specialisees-qui-necessitent-detre-adressees-par-un-medecin
Hôpital Lariboisière, “Accueil de la Grande Garde de Neurochirurgie”, consulté en mars 2023
https://www.neurochirurgie-lariboisiere.com/urgences/
AP-HPの一つ、ラリボワジエール病院の脳神経外科では、6日に1日の「大当直」の日に以下の医療者を２４時間体制で配置し、イル・ド・フランス県の脳神経急患を受け入れている。
脳神経外科医2名、手術室神経放射線科医1名、脳神経外科研修医2名、同非常勤医2名、麻酔医2名、上級蘇生医1名、蘇生研修医1名、看護師2名、看護助手1名、手術室専門看護師2名、麻酔看護師1名

***56**

全国看護師会による職業義務典で、フランス公衆衛生法典（R.4312-1）にも記載される。フランス全国約70万人の看護師が、職務の遂行にあたって遵守すべき義務と権利が定められている。

フランス全国看護師会「職業義務典」 2016年11月27日公布　2021年10月

閲覧
https://www.mhlw.go.jp/seisakunitsuite/bunya/koyou_roudou/roudoukijun/jikan/sokushin/jigyousya2.html

*46

出典は*40と同　P7

*47

2022年8月31日現在。フランス労働省統計調査実施局に問い合わせて確認

*48

出典は*37と同　P2・表1

*49

フランス国民教育・若者省「学校カレンダー」 2022年9月閲覧
Ministère de l' éducation nationale et de la jeunesse, “Calendrier scolaire”, consulté en septembre 2022
https://www.education.gouv.fr/calendrier-scolaire-100148

*50

フランス公益サービス情報「学校休み：2022年-2023年度のカレンダー」 2021年7月
Service-Public.fr, “Vacances scolaires : le calendrier pour 2022-2023”, juillet 2021
https://www.service-public.fr/particuliers/actualites/A15047

フランス国民教育・若者省「国家教育省の大学区別地方と大学区、県のサービス」 2022年11月閲覧
Ministère de l' éducation nationale et de la jeunesse, “Les régions académiques, académies et services départementaux de l' Éducation nationale”, consulté en novembre 2022
https://www.education.gouv.fr/les-regions-academiques-academies-et-services-departementaux-de-l-education-nationale-6557

*51

文部科学省「平成29・30・31年改訂学習指導要領」
小学校はP20、中学校はP22、高校はP25の各学習指導要領第1章総則に記載あり
https://www.mext.go.jp/a_menu/shotou/new-cs/1384661.htm

*52

パスカル・ラビエ「プライベートプール：フランスで花開く市場」 シュッド・

*39

e-GOV法令検索「労働基準法 第39条」 2022年9月閲覧
https://elaws.e-gov.go.jp/document?lawid=322AC0000000049
厚生労働省「リーフレットシリーズ労基法39条　年次有給休暇の付与日数は法律で決まっています」 2022年9月閲覧
https://www.mhlw.go.jp/new-info/kobetu/roudou/gyousei/dl/140811-3.pdf

*40

厚生労働省「令和3年（2021年）就労条件総合調査の概況」 P6
https://www.mhlw.go.jp/toukei/itiran/roudou/jikan/syurou/21/dl/gaikyou.pdf

*41

労働政策研究・研修機構「年休取得日数【労働者調査】」「年次有給休暇の取得に関するアンケート調査（企業調査・労働者調査）」 調査シリーズNo211　P48
2021年7月
https://www.jil.go.jp/institute/research/2021/211.html

*42

ヴァンサン・ビオスク、セリーヌ・テヴノ、ルー・ウォルフ「2010年、サラリーマンは平均6週間の休暇を取得した」 Insee プレミア1422号　表4 フランス国立統計経済研究所　2012年11月（データは2010年）
Vincent BIAUSQUE, Céline THÉVENOT et Loup WOLFF, “En 2010, les salariés ont pris en moyenne six semaines de congé”, Insee Première No 1422, Tableau 4, novembre 2012
https://www.insee.fr/fr/statistiques/1281344

*43

出典は*36と同

*44

出典は*36と同

違反の際に罰金規定は以下
フランス政府法令検索サイト「フランス労働法典規則部」第3部・第1冊・第4編・第3章R3143-1条　2023年3月閲覧
Légifrance, Code du travail, Partie réglementaire, Trosieme partie, Livre 1er, Titre IV, Chapitre-3, Article R3143-1　“Disposition pénales”, consulté en mars 2023
https://www.legifrance.gouv.fr/codes/id/LEGISCTA000018534083/2008-05-01

*45

厚生労働省「年次有給休暇取得促進特設サイト」「事業主の方へ」 2022年9月

*33

この点を研究した論考には、清水耕一著『労働時間の政治経済学――フランスにおけるワークシェアリングの試み』名古屋大学出版会（2010年12月10日）などがあります。以下のリンクに要約があります。
https://www.okayama-u.ac.jp/up_load_files/soumu_pdf/press-110215-5.pdf

*34

エミリー・ペニコー「2021年労働市場の俯瞰」 Insee プレミア1896号　表4
フランス国立統計経済研究所　2022年3月（データは2021年）
Émilie Pénicaud (Insee), “Une photographie du marché du travail en 2021” Figure 4, Insee Première No 1896, mars 2022
https://www.insee.fr/fr/statistiques/6210275

フランス国立統計経済研究所「2021年の雇用状況　継続雇用調査」 Insee調査結果　2022年6月
Insee, “Emploi en 2021, Enquête emploi en continu”, Insee Résultats, juin 2022
https://www.insee.fr/fr/statistiques/6460138?sommaire=6462858

*35

東京労働局パンフレット　労働基準「しっかりマスター　労働基準法　管理監督者編」 2018年9月
https://jsite.mhlw.go.jp/tokyo-roudoukyoku/content/contents/000501863.pdf
https://jsite.mhlw.go.jp/tokyo-roudoukyoku/hourei_seido_tetsuzuki/roudoukijun_keiyaku/newpage_00379.html

*36

フランス労働・完全雇用・社会復帰省　労働法「年次有給休暇」 2023年1月更新
Les congés payés, Ministère du travail, du plein emploi et de l’ insertion, mise à jour en janvier 2023
https://travail-emploi.gouv.fr/droit-du-travail/les-conges-payes-et-les-conges-pour-projets-pro-et-perso/article/les-conges-payes

*37

出典は*1と同、表2・表4

*38

総務省統計局「2022年労働力調査」 2023年1月
https://www.stat.go.jp/data/roudou/sokuhou/nen/ft/index.html

personnages", Hachettes éducation, 21 juillet 2021, P307
https://www.enseignants.hachette-education.com/livres/bled-histoire-france-9782017151166

*28
1981年11月14日自由時間大臣アンドレ・アンリの国会演説　公益サービス情報サイト　2022年8月閲覧
Déclaration de M. André HENRY, ministre du temps libre, à l' Assemblée constitutive de la confédération générale du temps libre, Hyères le 14 novembre 1981, consulté en août 2022
https://www.vie-publique.fr/discours/249686-declaration-de-m-andre-henry-ministre-du-temps-libre-lassemblee-co

*29
ローランス・ドーファン、マリー＝アンヌ・ル・ガレック、フレデリック・タルデュー「フランス人のバカンスの40年」　フランス国立統計経済研究所　2009年5月
Laurence DAUPHIN, Marie-Anne LE GARREC, Frédéric TARDIEU, "Les vacances des Français depuis 40 ans", mai 2009, Insee Références
https://www.insee.fr/fr/statistiques/1374551?sommaire=1374564

*30
ローランス・ドーファン、マリー＝アンヌ・ル・ガレック、フレデリック・タルデュー「フランス人のバカンスの40年」　出典は*29と同

社会観測センター「バカンス出発率は40年で頭打ちに」　2022年7月
Centre d' observation de la société, "Le taux de départ en vacances plafonne depuis 40 ans", juillet 2022
https://www.observationsociete.fr/modes-de-vie/loisirs-culture/vacances/

*31
バカンス小切手全国庁「バカンス小切手年間報告（2021年度）」　P4　2022年11月閲覧
Agence nationale pour les chèques-vacances, "Rapport annuel 2021", P4, consulté en novembre 2022
https://www.ancv.com/les-rapports-annuels

*32
バカンス小切手全国庁「バカンス連帯基金」　2022年8月閲覧
Agence nationale pour les Chèques-Vacances, "Bourse Solidarité Vacances", consulté en août 2022
https://www.ancv.com/bourse-solidarite-vacances-bsv

Pascal SAMAMA, “Les Français prévoient un budget moyen de 1505 euros pour les vacances d’ été”, BFMTV, juillet 2021
https://www.bfmtv.com/economie/consommation/les-francais-prevoient-un-budget-moyen-de-1505-euros-pour-les-vacances-d-ete_AV-202107060062.html

***24**

アンドレ・デゴン「8月15日の大渋滞：トゥールブに行ってみよう」 ル・ポワン 2013年8月
André DEGON, “Bouchons du 15 août : jetez-vous dans celui de Tourves”, Le Point, août 2013
https://www.lepoint.fr/automobile/bouchons-du-15-aout-jetez-vous-dans-celui-de-tourves-13-08-2013-1713777_646.php

***25**

クロエ・ロシュルイユ「映像で振り返る：太陽の高速道路、苦難の中の誕生」 フランス24 2016年8月
Chloé ROCHEREUIL, “Rétroprojecteur : l’ Autoroute du Soleil, une naissance dans la douleur”, France24, août 2016
https://www.france24.com/fr/20160807-retroprojecteur-lautoroute-soleil-une-naissance-douleur

***26**

フランス文化省「ラシーヌ・ミッション」 2022年8月閲覧
Ministère de la Culture, “La Mission Racine”, consulté en août 2022
https://www.culture.gouv.fr/Media/Regions/Drac-Occitanie/Files/Doc-Actu/Doc-Actu-2018/La-Grande-Motte/Depliant-Mission-Racine

ピレネー・オリエンタル県のアルジュレス・シュル・メール市の冬の住民は約1万人だが､7月半ば～8月半ばは市内の宿泊施設やセカンドハウスの利用者により滞在者が15万人近くにまで上る。同県の登録住民数は48万人の一方､8月の滞在者は150万人となる。
アルノー・アンドルー「夏のバカンスの間、ピレネー・オリエンタル県の人口は100万人を超える」 ランデパンダン 2019年7月
Arnaud ANDREU,“Pendant les vacances d’ été, les P.-O. dépassent le million d’ habitants”, L’ Indépendant, juillet 2019
https://www.lindependant.fr/2019/07/25/tourisme-estival-les-p-o-depassent-le-million-dhabitants,8330968.php

***27**

「二つの石油危機」ブレッド・シリーズ「人物で見るフランスの歴史」 P307 アシェット社 2021年7月
Les Deux chocs pétroliers, Bled “ L’ Histoire de France à travers ses

*16

公共放送フランス3「あの頃は：戦時中のバカンス・コロニー」 フランス国立視聴覚研究所　2022年3月
France 3 Région, "Dans le Rétro : les colonies de vacances pendant la guerre", INA, mars 2022
https://www.facebook.com/watch/?v=1397960427317653

*17

ラルース百科事典「栄光の30年間」 2022年8月閲覧
Larousse encyclopédie, "Trente Glorieuses", consulté en août 2022
https://www.larousse.fr/encyclopedie/divers/Trente_Glorieuses/185974

*18

アンドレ・ローシュ「フランスのバカンス　1830年から現代まで」 P129
出典は*8と同

*19

アンドレ・ローシュ「フランスのバカンス　1830年から現代まで」 P130
出典は*8と同

*20

ベルナール・フルカード「1945年から1990年の特殊な雇用状況の発展」 労働と雇用52号　P7　1992年4月
Bernard FOURCADE, "L' évolution des situations de l' emploi particulières de 1945 à 1990.", Travail et Emploi N-52, P7, avril 1992
https://signal.sciencespo-lyon.fr/article/36442/L-evolution-des-situations-d-emploi-particulieres-de-1945-a-1990

*21

ティエリー・メオ「1950年以降のフランス自動車産業：連鎖工程への変化」 フランス国立統計経済研究所　2009年6月
Thierry MÉOT, "L' industrie automobile en France depuis 1950 : des mutations à la chaîne", Insee Références, juin 2009
https://www.insee.fr/fr/statistiques/1372354?sommaire=1372361

*22

アンドレ・ローシュ「フランスのバカンス　1830年から現代まで」 P172
出典は*8と同

*23

パスカル・サママ「フランス人は夏のバカンス用に平均予算1505ユーロを見込んでいる」 BFMテレビ　2021年7月

Larousse dictionnaires, “Loisir”, consulté en aout 2022
https://www.larousse.fr/dictionnaires/francais/loisir/47708

*10
アンドレ・ローシュ「フランスのバカンス　1830年から現代まで」 P99-P100
出典は*8と同

*11
ダニエル・モアッティ「大休暇の小歴史」 2022年8月閲覧
Daniel MOATTI, “Petite histoire des grandes vacances”, consulté en août 2022
http://communication.moatti.pagesperso-orange.fr/vacances.htm

*12
アンドレ・ローシュ「フランスのバカンス　1830年から現代まで」 P100
出典は*8と同

*13
フランス政府「全労働者のための年次休暇の創設」 2016年6月
Gouvernement, “Instauration des congés payés pour tous les travailleurs”, juin 2016
https://www.gouvernement.fr/partage/8761-la-loi-du-20-juin-1936-instaure-les-conges-payes-pour-tous-les-travailleurs

マテュー・ブリュックミュラー「休暇の歴史：電車賃をより安く払える年次休暇用市民チケットを知ろう」 20ミニッツ　2018年7月
Mathieu BRUCKMÜLLER,“Histoire de congés: Découvrez le billet populaire de congé annuel qui permet de payer le train moins cher”, 20 minutes, juillet 2018
https://www.20minutes.fr/economie/2306183-20180731-histoire-conges-decouvrez-billet-populaire-conge-annuel-permet-payer-train-moins-cher

*14
ギィド・ルター社「アンケート　夏のバカンスの行き先は？」 2022年6月
Guide Routard, “Sondage - Quelles destinations pour vos vacances d' été ? ”, juin 2022
https://www.routard.com/actualite-du-voyage/cid140184-quelles-destinations-pour-vos-vacances-d-ete.html

*15
ジャック・ルメール「メタロ」映像　シネ・アーシヴ　人民戦線　1938年
Jacques LEMARE, “MÉTALLOS (LES)” Les films, Ciné-Archives, Le Front populaire, 1938
https://parcours.cinearchives.org/Les-films-565-54-0-0.html

エメリック・ルヌー、ジュール・ブリュッセル「夏の懐古。1936年、有給休暇元年」 ル・パリジャン　2016年7月
Aymeric RENOU, Jules BRUSSEL “ETE RETRO. 1936, l’année des premiers congés payés”, Le Parisien, juillet 2016
https://www.leparisien.fr/archives/l-annee-des-premiers-conges-payes-11-07-2016-5957747.php

「1936－2016年、年次休暇の80年：その制定法」 リュマニテ 2016年7月
L’ Humanité, “1936-2016 - 80 ans de congés payés: la loi qui les a institués”, juillet 2016
https://www.humanite.fr/au-travail/1936-2016-80-ans-de-conges-payes-la-loi-qui-les-institues-612815

ジャン＝クリストフ・シャヌ「むかしむかし、有給休暇がありました」 ラ・トリビューン　2013年7月
Jean-Christophe CHANUT,“Il était une fois les congés payés”, La Tribune, juillet 2013
https://www.latribune.fr/actualites/economie/france/20130731trib000778400/il-etait-une-fois-les-conges-payes.html

***7**

内閣府「国民の祝日」について　2022年8月閲覧
https://www8.cao.go.jp/chosei/shukujitsu/gaiyou.html?PHPSESSID=013ef321a0aea2e19e3937010efdf4e3

日本貿易振興機構（ジェトロ）「世界の祝祭日」 2023年1月閲覧
https://www.jetro.go.jp/world/

***8**

アンドレ・ローシュ「フランスのバカンス　1830年から現代まで」 アシェット・リテラチュール　1996年
André RAUCH, “Vacances en France, de 1830 à nos jours”, Hachette Littératures, 1996
https://www.hachette.fr/livre/vacances-en-france-de-1830-nos-jours-9782012790193

***9**

「Loisir」項目のフランス語原文は以下
1・Temps libre dont on dispose en dehors des occupations imposées, obligatoires, et qu’ on peut utiliser à son gré.
ラルースフランス語辞典　2022年8月閲覧

引用と注釈

※フランス語文献の日本語引用箇所は筆者訳

*1

フランス労働省研究統計実施局「有給休暇とRTT(労働時間短縮日)：労働編制との関連性は？」分析レポート54号　2017年8月
DARES, "Les congés payés et jours de RTT :quel lien avec l' organisation du travail ?", DARES Analyses No 54, août 2017
https://dares.travail-emploi.gouv.fr/sites/default/files/pdf/2017-054.pdf

*2

日本生産性本部「労働生産性の国際比較2022」　2022年12月
https://www.jpc-net.jp/research/detail/006174.html

*3

厚生労働省・都道府県労働局・労働基準監督署「年5日の年次有給休暇の確実な取得 わかりやすい解説」　2019年4月施行
https://www.mhlw.go.jp/content/000463186.pdf

*4

クロード・ゴグエル「フランス人のバカンス」　コミュニカシオン10号『バカンスとツーリズム』P3-P19　1967年
Claude GOGUEL, "Les vacances des Français", Communications, 10, Vacances et tourisme, P3-19, 1967
https://www.persee.fr/doc/comm_0588-8018_1967_num_10_1_1139

*5

フランス政府法令検索サイト「年次休暇に関する1936年6月20日の法律」2022年8月閲覧
Légifrance, "Loi du 20 juin 1936 instituant un congé annuel payé dans l' industrie, le commerce, les professions libérales, les services domestiques et l' agriculture", consulté en août 2022
https://www.legifrance.gouv.fr/jorf/id/JORFTEXT000000325218

*6

ネットで閲覧できる記事の例です
アレクシー・フェルチャク「1936年、フランスは年次休暇を発見した。が、バカンスのゴールデンエイジはまだ遠かった」 ル・フィガロ　2018年8月
Alexis FEERTCHAK, "En 1936, la France découvre les congés payés, mais l' âge d' or des vacances est encore loin", Le Figaro, août 2018
https://www.lefigaro.fr/actualite-france/2018/08/06/01016-20180806ARTFIG00004-en-1936-la-france-decouvre-les-conges-payes-mais-l-age-d-or-des-vacances-est-encore-loin.php

取材にご協力いただいたみなさん
貴重なお力添えをありがとうございました！（登場順）

Mille mercis à vous pour votre précieux soutien! (dans l'ordre d'apparition)

— Mr. André RAUCH, Mr Daniel MOATTI, Mr Sylvain PATTIEU, Mr Yuichiro MIZUMACHI

— Mme R, Mme Yvette et Mr Loïc POENOU, Mme Céline LEGUAY, Mr Paul BEL, Mme Marie NAULET, Mr Astushi OKANO, Mme SATOMI

— Mr Eddy BELLEVILLE de Est. Belleville, Mr Anthony COURTEILLE de Sain Boulangerie, Mme Marie-Noëlle GOUJON, Mr Bernard LAFAY de PRODIA SAS, Mr Philippe DUPUY de ACEPP, Mme A, Mr Laurent VILLETTE de CFDT Journalistes, Mr Bernard NAULET, Mr Franck LAUR de Service de Remplacement, Mme Angeline BARTH/Mr Jérôme BEAUVISAGE/ Mme Elisabeth ROYER de la CGT

— Mme Béatrice REVEL, Mr Jean-Luc MICHAUD del'Institut Français du Tourisme

— Mme H, Mr Jiro MIZUTANI de NTT East-Kanagawa office, Mr Tomoyasu ISHII de Ishii Food CO.,Ltd, Mr Minoru KURIHARA de Kurihara Seiki CO.,Ltd.

— Et encore, Mme Chiaki MITOMI, Mme Yoshie ICHIJO, Mme MIKI, Mme HIRO, Mr Cohee MAEDA, Mr Takashi KAWASAKI, Mr Yukio KORIYAMA

— A mes amours P-L-T, sans vous je n'aurais pas pu y arriver.

著者

髙崎順子（たかさき・じゅんこ）

1974 年東京生まれ。東京大学文学部卒業後、都内の出版社勤務を経て渡仏。書籍や新聞雑誌、ウェブなど幅広い日本語メディアで、フランスの文化・社会を題材に寄稿している。
著書に『フランスはどう少子化を克服したか』（新潮新書）、『パリのごちそう』（主婦と生活社）などがある。

休暇のマネジメント
28連休を実現するための仕組みと働き方

2023年5月15日　初版発行

著　　者　髙崎順子
© Junko Takasaki 2023

発 行 者　山下直久
編 集 長　藤田明子
担　　当　山崎悠里

ブックデザイン　山之口正和＋齋藤友貴（OKIKATA）

編　　集　ホビー書籍編集部

発　　行　株式会社 KADOKAWA
〒102-8177　東京都千代田区富士見2-13-3
電話：0570-002-301（ナビダイヤル）

印刷・製本　図書印刷株式会社

■お問い合わせ
https://www.kadokawa.co.jp/（「お問い合わせ」へお進みください）
※内容によっては、お答えできない場合があります。
※サポートは日本国内のみとさせていただきます。
※ Japanese text only

定価はカバーに表示してあります。
Printed in Japan
ISBN 978-4-04-737339-6　C0034